Sauvez Willy

**Castor Poche
Collection animée par
François Faucher, Martine Lang et Soazig Le Bail**

Titre original :

FREE WILLY

Une production de l'Atelier du Père Castor

FREE WILLY name, characters and all related indicia are trademarks of Warner Bros.

© 1993 Warner Bros., Regency Enterprises,
Studio Canal +

© 1994 Éditions J'ai Lu

© 1994 Castor Poche Flammarion
pour la présente édition.

Sauvez Willy

Texte de Jordan Horowitz,
basé sur un scénario de Keith A. Walker
et de Corey Blechman,
d'après une histoire de Keith A. Walker

Traduit de l'anglais (États-Unis) par
A. Desmarais

Castor Poche Flammarion

PROLOGUE

Le petit orque nageait avec les grands, en folâtrant joyeusement de l'un à l'autre.
– Couic ! Couic ! faisait-il pour les taquiner.
C'était le plus jeune de tous et il voulait jouer.
Ses aînés répondaient par d'autres « couic » et des cris divers. Ils fendaient la vague en s'amusant à se frôler. On les voyait jaillir de l'eau, avec leur aileron fièrement dressé sur leur dos et leurs nageoires latérales en forme de pagaies, puis disparaître à nouveau sous la surface de l'océan dans un grand plongeon.
Le petit orque ne cessait de taquiner ses congénères. Il émergeait juste devant leur tête, nageait en cercle autour d'eux et repartait comme une fusée. Impossible de le rattraper : il les distançait toujours, malgré sa petite taille. Ils avaient beau être puissants et gracieux, il était trop vif et trop agile pour eux.
Tandis qu'il effectuait une de ses voltes autour d'un de ses copains adultes, un gros aileron dorsal

lui assena une petite claque amicale qui l'envoya tournoyer dans l'eau. L'orque qui l'avait frappé était l'un des plus imposants et des plus sauvages du groupe. C'était un superbe animal, avec toutes les caractéristiques de son espèce : un long thorax noir souligné par une tache blanche comme neige sur le flanc.

Les deux cétacés continuèrent à jouer de la sorte quelque temps. Le plus petit rebondissait sous les gentils coups de nageoire du plus grand, puis filait comme l'éclair et revenait le narguer pour recommencer le même manège.

Mais bientôt leurs « couic » et leurs cris furent interrompus par le sourd vrombissement d'un moteur. Une ombre apparut au-dessus d'eux à la surface de l'océan, assombrissant la lumière du soleil qui filtrait à travers les eaux.

Un bateau de pêche rôdait dans les parages. Les hommes étaient des chasseurs de baleines, qui capturaient des cétacés pour en vendre la viande.

Voyant que le gros orque était encore à la surface, ils s'empressèrent de jeter leurs filets. Quand l'animal voulut plonger, les mailles d'acier se resserrèrent autour de lui.

Il se débattit comme un beau diable, mais en vain. Les pêcheurs lancèrent d'autres filets et le tirèrent le long du bateau. L'un des hommes d'équipage s'émerveilla de la taille de leur prise. Il connaissait un parc aquatique qui recherchait une créature semblable pour en faire son attraction principale. Un tel spécimen se négocierait certainement à un bon prix.

Tandis que le bateau faisait route vers la terre ferme en tractant sa gigantesque proie, le cétacé pris au piège, gémissant de colère, roulait ses énormes yeux noirs vers le grand large où, tout à l'heure encore, il nageait libre et insouciant.

1

C'était l'heure de pointe. Jesse jouait des coudes comme un petit chef pour se frayer un chemin dans la foule des banlieusards qui regagnaient leurs pénates.

Il venait d'apercevoir une femme bien habillée et avait compris du premier coup d'œil que c'était exactement le genre de personne qu'il cherchait. Le pigeon idéal, qui regarde avec compassion les clochards endormis au pied des lampadaires ou penchés sur les nombreuses poubelles jalonnant le centre-ville. Tout à fait le type de la bonne dame qui vous donne la pièce sans réfléchir, par culpabilité. Surtout quand vous n'avez que onze ans et l'air de n'avoir rien mangé depuis votre dernier anniversaire.

Jesse réajusta son sac à dos sur son épaule. C'était un bon truc, le sac à dos. La plupart des gosses s'en servaient pour emporter leurs livres à l'école. Toute l'astuce était là : pour attendrir le pigeon, il fallait avoir l'air d'un gosse ordinaire. Peu importe que vous ayez passé le plus clair de votre temps à l'orphelinat et que votre sac ne contienne que des sous-vêtements de rechange râpés, il suffit de soigner les apparences et de s'arranger pour ressembler à un gentil garçon de retour de l'école.

– Excusez-moi, madame, mais ma maman m'a déposé en allant à son travail et elle a oublié de me donner de l'argent pour prendre mon bus. Vous pourriez me dépanner de quelques sous ? demanda Jesse en rattrapant la bourgeoise.

Elle le toisa des pieds à la tête sans s'arrêter. Ne la brusque pas, se dit Jesse. Patience, laisse faire, ça va marcher. Elle est mûre, elle va craquer, c'est sûr.

La femme fouilla dans son sac à main et lui tendit un billet d'un dollar.

– Ouaou, merci beaucoup, madame ! Et bonne journée, dit-il poliment en fourrant le billet dans sa poche.

Mais, dès que la femme eut disparu dans la cohue, il songea sournoisement : C'est ça, passe une bonne journée, ma grosse, et oublie-moi. Avec un billet pareil, je pourrai bientôt me payer une Rolls-Royce, une villa avec piscine et cinquante domestiques. Alors, tu peux dormir sur tes deux oreilles, petite madame, tu as fait ta B.A...

Jesse revint sur ses pas et chercha des yeux les copains avec qui il s'était enfui de l'institution Cooperton, son orphelinat, en espérant qu'ils s'étaient débrouillés mieux que lui. Il n'avait pas eu de repas complet depuis deux jours et commençait à en avoir assez des cheeseburgers de *McDonald's*.

Il aperçut finalement Perry au loin. Son copain efflanqué était en train de taper un homme d'affaires. L'homme l'écouta une seconde, puis passa son chemin sans lui donner un sou. Perry le regarda se fondre dans la foule en fronçant les sourcils d'un air mauvais.

Ce gars-là ne sait pas y faire, se dit Jesse en voyant son ami revenir bredouille. Il insiste trop lourdement. Peut-être que quatorze ans, c'est déjà trop vieux pour faire la manche. Moi, à son âge, j'aurai un boulot et un appartement.

Jesse le rejoignit et lui tapa dans la paume. C'était leur signe de reconnaissance. Puis, les deux garçons louvoyèrent ensemble dans la marée humaine pour rallier leur lieu de rendez-vous, dans un coin isolé du jardin public, où les attendaient deux autres adolescents, qui les saluèrent à leur tour en leur tapant dans la paume. Vector était un peu plus petit que Jesse, bien qu'il eût un an de plus. Gwennie avait l'âge de Perry.

– Des clopinettes, déclara Jesse en comptant les quelques dollars en petite monnaie qu'ils étalèrent sur le sol et qui constituaient tout leur butin.

– Mince, fit Perry avec déception. J'ai une de ces faims !

Jesse secoua la tête en recomptant la monnaie. Ce n'était pas avec ça qu'ils se rempliraient l'estomac. Même pour une seule personne, c'était insuffisant. Et ils étaient quatre ! Inutile de faire un dessin : Jesse avait compris.

Quelques minutes plus tard, les quatre gosses émergeaient d'un fast-food avec, pour toute provision, un unique hamburger *sans* fromage. Ils le partagèrent équitablement et se mirent à manger le plus lentement possible, en essayant de faire durer chaque bouchée, sachant que ce serait peut-être leur seul repas de la journée.

Mais la chance était avec eux. En passant à côté d'une terrasse de café, ils aperçurent un jeune couple qui quittait sa table en abandonnant des sandwiches à demi entamés.

Jesse et Perry attendirent que les deux tourtereaux s'éloignent et, en deux temps, trois mouvements, raflèrent tout ce qui se trouvait sur la table vacante (ketchup, petits pains, sandwiches), sous le regard admiratif de Gwennie et de Vector. Rapide comme l'éclair, Jesse n'avait pas perdu une minute. Il serait même allé plus vite s'il ne s'était senti observé par une famille assise à une table voisine : un garçon à peu près du même âge que lui, sa petite sœur et leurs parents, qui le regardaient fixement.

Eh bien quoi, qu'est-ce qu'il y a ? se dit Jesse. Vous n'avez jamais vu un gosse affamé ?

Au même moment, un serveur sortait de la salle de restaurant. Lorsqu'il aperçut les jeunes chapardeurs sur la terrasse, il était déjà trop tard pour les arrêter. Jesse et Perry avaient pris la poudre d'escampette. Ils se partagèrent le produit de leur larcin tout en courant, suivis de Gwennie et de Vector, qui caracolaient derrière eux en rattrapant au vol les morceaux qu'ils leur lançaient.

Ils mangèrent au pas de gymnastique et s'arrêtèrent finalement dans une allée latérale, où ils entreprirent de fouiller les poubelles à la recherche de quelque chose de mangeable.

Voilà qu'on fait les poubelles maintenant ! Quelle vie de chien ! pensa Jesse en avalant le reste d'une boîte de soda déjà ouverte.

En voyant Perry racler avec avidité le fond d'un cornet de pop-corn froissé, il se dit avec philosophie : Bah ! il faut bien que les chiens mangent aussi.

Quand ils eurent glané tout ce qu'ils purent trouver dans l'allée, ils reprirent leur chemin et firent halte devant un vieil immeuble victorien, à la lisière d'un terrain vague. Une enseigne disait : TRAITEUR POUR NOCES ET BANQUETS. Une grosse camionnette garée devant la maison attira l'attention de Jesse. Un serveur en uniforme blanc était en train de la charger de caisses de victuailles.

Jesse lorgna les portières ouvertes de la camionnette en attendant un moment propice pour faire main basse sur une des caisses. L'occasion se présenta bientôt. Le serveur, ayant fini de charger la marchandise, s'éloigna de la camionnette et rentra dans l'immeuble.

En moins de temps qu'il n'en faut pour le dire, Jesse s'engouffra dans le véhicule pour reparaître quelques secondes plus tard avec un énorme gâteau enveloppé de cellophane. Perry accourut pour l'aider et les quatre adolescents décampèrent sans demander leur reste en portant tous ensemble le précieux dessert.

Ils traversèrent la rue à toutes jambes et continuèrent à courir jusqu'à ce qu'ils soient certains qu'aucun employé du « traiteur pour noces et banquets » ne les suivait. Alors, ils cherchèrent un endroit sûr et, pelotonnés les uns contre les autres pour se tenir chaud, ils purent manger leur gâteau en paix dans la fraîcheur du soir.

2

A la tombée de la nuit, Jesse et ses amis s'assirent en cercle sous un pont, au pied d'un énorme pilier de soutènement. Dès qu'ils furent installés, Jesse déballa le gâteau et commença à en distribuer des morceaux aux autres.

Les gosses avaient tous un regard d'affamé. Jesse connaissait bien ce regard : il n'était pas vieux, mais il l'avait vu toute sa vie autour de lui, et bien souvent dans son propre miroir. C'était un regard qui disait : Profite de l'instant qui passe, parce que tu ne sais pas où tu dormiras la nuit prochaine. Ou encore : Evite de te lier, ne te fais pas trop d'amis, parce qu'ils ne seront peut-être plus là demain. Ou enfin : Personne ne se soucie de toi, personne ne lèvera le petit doigt pour toi.

Ils mangèrent goulûment. Au fur et à mesure que leurs estomacs se remplissaient, ils sentaient leurs membres se détendre. Peu à peu, les langues se délièrent et ils se mirent à évoquer le foyer de l'Assistance.

– La première fois que j'y suis allée, c'était l'enfer, confia Gwennie. Ma mère m'a laissée tomber quand elle est partie travailler à Houston. Je m'en fiche. De toute façon, je la déteste.

– Moi, je me suis barré, déclara Jesse.

– Tu t'es barré de Cooperton ? fit Vector, incrédule et railleur.

– Puisque je te le dis, tête d'œuf !

– Mon œil.

– Ferme-la, lança Perry à Vector. On s'est barrés tous les deux, alors écrase.

Gwennie ricana. Jesse avait remarqué qu'elle pouvait être très dure quand elle le voulait mais, maintenant, dans la pénombre, elle semblait plus douce, plus vulnérable.

– Je te garantis qu'ils nous surveillaient de près, là-bas, dit-elle, comme s'ils avaient peur qu'on leur plante un couteau dans le dos. Heureusement qu'un de ces imbéciles d'éducateurs a fini par m'avoir à la bonne. Sinon, j'y serais encore.

– Peut-être que tu es moins maligne que nous, insinua Perry.

– Répète ça ! répliqua-t-elle, menaçante.

– Peux pas, j'ai la bouche pleine, répondit Perry en engloutissant un énorme morceau de gâteau.

Chacun s'esclaffa à la vue des joues rebondies de

Perry. L'espace d'un instant, Jesse en oublia ses soucis.

– Un jour, je serai riche. J'aurai des yachts et des chevaux, annonça Gwennie.

– Des chevaux sur des yachts ? fit Jesse en riant.

– Des tas de diamants, une famille et tout, continua la fille.

Jesse cessa de rire en voyant le visage de Gwennie prendre une expression grave. Elle parlait de son rêve. Lui aussi, il avait un rêve.

– Tout ce que je veux, c'est un endroit à moi, dit-il. Un appartement.

– Ouais, parfaitement, approuva Perry d'un ton légèrement moqueur. Avec mon cerveau et ta jolie frimousse, on deviendra riches.

Perry s'apprêtait à enfourner un autre morceau de gâteau dans sa bouche quand ils entendirent le mugissement soudain d'une sirène de police. Les quatre têtes se tournèrent en même temps. Une voiture de patrouille, venant de derrière un autre pilier, avançait lentement vers eux.

Ils étaient acculés, comme des animaux tombés dans un piège. Il n'y avait pas une minute à perdre. S'ils ne décampaient pas immédiatement, ils se feraient prendre. La meilleure solution consistait à courir chacun de son côté. Pour semer les flics, il n'y avait rien de tel qu'une belle débandade. C'était leur seule chance de salut. Ils ne se donnèrent même pas la peine d'en discuter. Depuis le temps qu'ils fuguaient, ils connaissaient la musique.

Gwennie contourna le pilier à toute allure et disparut dans l'obscurité. Vector escalada une clôture grillagée et sauta par-dessus. Quant à Perry, il s'éclipsa si vite que Jesse ne vit même pas par où il était parti.

Jesse, lui, courut dans une autre direction, fonçant de pilier en pilier. Son idée était de rejoindre le bord de mer et de le suivre un certain temps avant d'obliquer vers le jardin public. Il resta dans l'ombre, en prenant soin d'éviter le faisceau des phares de la voiture de police. Il risquait gros : si on le rattrapait, c'était la catastrophe. Il passerait la nuit au poste, puis on le renverrait à l'Assistance. Alors, il serait à nouveau placé dans un foyer et obligé de vivre avec des inconnus. Pas question, se dit-il. Il n'avait pas fait tout ce chemin pour être repris.

Il s'orientait à l'oreille, réglant sa course en fonction de la sirène. Quand celle-ci lui semblait proche, il changeait de cap. Quand elle lui semblait lointaine, il se sentait en sécurité.

Il reconnut bientôt l'odeur marine du port. A bout de souffle, il longea encore plusieurs rangées de piliers jusqu'à un mur de pierre crénelé. A présent, le son de la sirène se perdait au loin, noyé par le bruit des vagues qui se fracassaient contre l'autre côté du mur.

— Max ! entendit-il.

Il leva les yeux et aperçut Perry qui lui faisait signe, à quelques pas devant lui, le long du mur. Jesse respira profondément et courut à sa rencontre.

Les deux garçons échangèrent des regards de bêtes traquées et, ensemble, continuèrent à longer le bord de mer à petites foulées jusqu'à une haute palissade de bois.

A nouveau, ils entendirent la sirène. Elle était de plus en plus forte, de plus en plus proche, elle les cherchait. Ils virent bientôt deux phares éblouissants apparaître à l'extrémité du front de mer.

En désespoir de cause, Jesse et Perry se mirent à tirer sur les planches de la palissade pour essayer de les arracher. Quelques-unes finirent par céder. Jesse parvint à se frayer un passage à la force du poignet et se faufila dans l'interstice, suivi de près par Perry.

De l'autre côté de la palissade, il faisait noir, mais Jesse et Perry surent qu'ils étaient en sécurité. Ils écoutèrent la sirène de police se rapprocher, puis s'éloigner.

Dès qu'ils furent certains que la voiture de patrouille avait perdu leur trace, ils commencèrent à explorer les lieux et découvrirent avec stupeur qu'ils se trouvaient dans une espèce de parc de loisirs. Ils étaient entourés d'allées piétonnières, de stands et de panonceaux. La plupart des attractions étaient décorées de mystérieuses scènes sous-marines peintes. Ici, c'était un banc de requins à l'allure féroce, là une pieuvre géante et menaçante.

Tandis que Jesse et Perry continuaient leurs déambulations dans le parc, il se mit à pleuvoir. A présent, il leur fallait absolument trouver un endroit pour passer le reste de la nuit au sec et sans se faire repérer par la police. Ils décidèrent d'attendre l'heure d'ouverture du parc, le lendemain matin. Alors, ils n'auraient qu'à se fondre dans la foule des visiteurs pour passer inaperçus.

Jesse commençait à éprouver une sensation désagréable au creux de l'estomac. Il n'avait grignoté que deux ou trois bouchées de gâteau avant l'intervention inopinée de la police qui les avait mis en fuite et, maintenant, la faim le tenaillait, une véritable fringale.

Tu vas te calmer, oui ? dit-il intérieurement à son estomac rebelle. J'ai faim, et alors ? C'est comme ça, il faut bien se faire une raison. Mieux vaut être affamé et libre que rassasié et cloîtré derrière les murs de l'Assistance.

Néanmoins, la sensation de manque était de plus en plus pénible. De dépit, il donna un coup de pied dans une bouteille vide égarée sur le sol. Elle alla s'écraser dans un grand fracas de verre brisé contre l'image peinte d'un orque terrifiant.

Jesse et Perry longèrent le bâtiment en essayant chaque porte l'une après l'autre. Ils finirent par en trouver une qui n'était pas verrouillée. Ils pénétrèrent à pas de loup dans le bâtiment obscur, en refermant soigneusement la porte derrière eux sans s'apercevoir qu'ils avaient déclenché un signal d'alarme lumineux et silencieux.

A peine avait-il fait deux mètres à l'intérieur que Perry trébucha et tomba à la renverse. En se relevant, il comprit qu'ils étaient entrés dans un atelier du service d'entretien. Il avait buté contre un seau vide et une série de pistolets à peinture abandonnés en travers du chemin.

De rage, il s'empara d'un des pistolets et aspergea le sol. Il dessina de grandes boucles de couleur. C'était son tag, sa signature, un motif complexe et exclusif qui l'identifiait dans la rue.

Jesse l'imita bientôt au moyen d'un autre pistolet. Son signe de reconnaissance à lui, son tag personnel, était un *J* avec un graphisme particulier n'appartenant qu'à lui. C'était sa manière de s'affirmer, de crier qu'il était vivant, qu'il existait, même s'il était seul au monde.

Il suivit un corridor en continuant à bomber son tag partout où il passait. Au fond de l'atelier, il trouva une seconde porte, celle-là fermée de l'intérieur. Il l'ouvrit et la franchit, sans être certain que Perry l'ait vu sortir. Il déboucha dans un large couloir bordé de grandes baies vitrées bleu nuit, qui allaient du sol au plafond et s'étendaient à perte de vue. Il arma son bras et éclaboussa les vitres de peinture.

Le spectacle de son écriture, qui se détachait comme une ombre mystérieuse sur les ténèbres glauques des panneaux de verre, le fascinait. Il recula et ajouta une nouvelle série de tags, barbouillant les vitres à plaisir comme pour marquer son territoire.

Au moment où il s'apprêtait à tracer un grand *J* sur le panneau central, il lui sembla voir quelque chose bouger derrière. Il regarda à travers les entrelacs de sa signature, en appuyant son front contre le verre, et aperçut furtivement une forme noire et lisse qui avançait dans sa direction.

Ce fut une vision fugitive. La forme disparut aussitôt.

Il plissa les yeux pour essayer de deviner ce qui se trouvait derrière la baie vitrée. C'était une sorte d'immense réservoir d'eau et Jesse eut brusquement l'impression qu'il n'était pas seul. Il venait en effet d'entendre un gémissement sourd derrière la vitre. Tout à coup, une forme sombre émergea des profondeurs du réservoir. Une gigantesque chose noire et vivante se pressait contre le panneau de verre, presque nez à nez avec le garçon ébahi. Massive et gracieuse, la chose semblait longue d'un kilomètre et haute comme une maison.

Jesse avait déjà vu des orques en photo, mais

c'était la première fois qu'il en avait un vrai devant les yeux. Il regarda le cétacé s'éloigner en douceur et en levant sa queue en forme d'ancre marine comme pour lui dire au revoir. Jesse lui répondit d'un signe de la main, mais c'était déjà trop tard. L'orque avait disparu de sa vue.

Jesse s'attarda longuement devant le réservoir, guettant le retour de l'animal. Quand il comprit que celui-ci ne reviendrait plus, il poussa un grand soupir de fatigue. Il était épuisé. Mais était-il en lieu sûr ? Pourrait-il passer la nuit ici sans se faire repérer ? Où irait-il demain ? Que mangerait-il ?

La légère ondulation de l'eau dans le réservoir et le gémissement lointain de l'orque le berçaient comme une musique apaisante. Hélas, cette paix ne dura pas. Le charme fut soudainement rompu par un bruit de pas menaçants et des voix autoritaires. La police ! Il fallait déguerpir, et vite ! Il se précipita vers une cage d'escalier marquée d'un panonceau lumineux indiquant : « SORTIE ».

Il grimpa les marches à toute allure, en se retournant juste à temps pour voir qu'une silhouette trapue le poursuivait. Il avait presque atteint le sommet de l'escalier lorsqu'il trébucha et tomba. Avant d'avoir pu se redresser, il sentit une poigne vigoureuse l'agripper par-derrière. La silhouette l'avait attrapé par son sac à dos et le traînait vers le bas.

Jesse se débattit de toutes ses forces en essayant

d'escalader les dernières marches. La lanière de son sac lui mordait l'épaule. Il se contorsionna tant et si bien que le sac finit par lâcher. Enfin libre, il parvint à se hisser jusqu'au palier et à franchir la porte.

Il déboucha sur une sorte de vaste toit planté de rangs de sièges surplombant un grand bassin. La porte du palier grinça derrière lui. Il se retourna. Son poursuivant était presque arrivé à sa hauteur. Il s'enfuit à travers les gradins en espérant se perdre dans le dédale de l'amphithéâtre. C'est alors qu'une cuisante douleur dans le bas du dos le terrassa. Il faiblit sur ses jambes et s'effondra. Quelqu'un lui saisit les bras par-derrière et il sentit le froid de l'acier autour de ses poignets. Il leva les yeux et comprit. On venait de lui passer les menottes. Il s'était jeté dans la gueule du loup : en tentant d'échapper au type qui le poursuivait, il avait couru droit sur un policier qui arrivait par-devant. Cette fois, il était fait comme un rat.

Plaqué sur le sol de ciment, les bras noués dans le dos, sous la pluie, il vit deux silhouettes se pencher sur lui. La première était celle du policier, l'autre celle du gars trapu qu'il avait cru semer dans l'escalier.

3

A la brigade des mineurs, Jesse regardait Dwight Mercer en se demandant quand celui-ci allait enfin se décider à lever les yeux du dossier qu'il était en train de lire sur son bureau encombré de paperasses. De temps en temps, l'homme jetait un œil vers Jesse avec ce stupide sourire compatissant qu'il arborait chaque fois que le garçon avait des ennuis. Jesse détestait ce sourire. Pour lui, ce n'était que de la frime, un sourire purement professionnel que les éducateurs adoptaient pour vous faire croire qu'ils s'intéressaient à votre cas et qui ne leur servait en réalité qu'à justifier leur chèque de fin de mois.

– Effraction, vagabondage, vandalisme, délit de fuite, énuméra Mercer en feuilletant le dossier. Tu as eu une soirée plutôt agitée, on dirait, Jesse. Qu'est-ce que tu as fait d'autre ?

Jesse haussa les épaules. Lâche-moi les baskets, Mercer, songea-t-il. Remballe ton sourire à la gomme, tes ridicules boucles d'oreilles en diamants et lâche-moi. Quand est-ce que les adultes apprendront à me ficher la paix ?

– J'ai dévalisé deux ou trois banques, répondit-il, sarcastique.

– Je me réjouis que ton escapade n'ait duré que trois jours.

Quel faux jeton ! se dit Jesse. Si tu t'imagines que je vais entrer dans ton jeu, tu te trompes. Tu voudrais me faire croire que tu es de mon côté, hein, et qu'on est les meilleurs copains du monde ? A d'autres, Dwight, je ne marche pas.

– Perry était avec toi sur ce coup-là ? demanda Mercer.

– Perry qui ?

– Il y a deux tags différents dans ce parc. L'un est le tien. A qui est l'autre ?

Jesse baissa les yeux sur ses mains tachées de peinture.

– J'sais pas, fit-il d'un ton neutre.

Mercer soupira et se carra sur sa chaise.

– Tu vaux mieux que Perry, Jesse. Tu devrais te tenir à l'écart de ce gars-là.

– Perry qui ? répéta Jesse. (Il n'était pas du genre à moucharder.)

– Ecoute, vieux. Je viens de passer quarante-cinq minutes à discuter avec la police et les responsables de ce parc d'attractions pour essayer de te tirer d'affaire. Et tu sais quoi ? On a eu de la chance, cette fois-ci. Je t'ai évité le tribunal. Mais les flics ont un dossier sur toi, maintenant. Ils veulent bien le déchirer si...

– *Si !* Toujours des *si*. Qu'est-ce qu'ils ont encore trouvé ?

– Tu devras nettoyer les saletés que tu as faites à Northwest Adventure Park. Pendant quinze jours. Huit heures par jour. C'est ta peine.

Jesse lança un regard mauvais à Mercer.

– Tu as une objection ?

– Ouais, parfaitement ! répondit Jesse d'un air de défi. Pourquoi j'irais bosser dans ce parc ?

– Je me demande pourquoi je perds mon temps avec toi ! aboya Mercer. (La colère de l'éducateur fit sursauter Jesse. Il ne plaisantait pas.) Si tu recommences à faire l'imbécile, je disparais de la circulation. Tu ne me verras plus. Je te refile au juge des enfants. Ce sera la maison de correction, mon petit gars. La prison ! Demande à Perry comment c'est, là-bas. Il sait ce que c'est, la maison de correction, lui. Il t'en a parlé ?

– Non, dit Jesse sans le regarder.

– Alors, écoute-moi bien. Ton placement dans la famille Greenwood est toujours d'actualité. Ce sont des gens bien. Ils sont prêts à passer l'éponge sur cet... incident.

– Qu'est-ce qu'ils ont contre moi, ceux-là ?

Jesse avait oublié les Greenwood. C'était à cause d'eux qu'il avait fugué.

– Je vois, fit Mercer. Parce qu'ils veulent t'accueillir dans leur foyer, ils ont quelque chose *contre* toi ?

– Qu'est-ce que vous en pensez ? dit Jesse avec un petit sourire en coin, en lui retournant la question.

– Je pense que, sur le papier, tu es encore très jeune. C'est la raison pour laquelle ils acceptent de te laisser une chance. Mais ce sera peut-être la dernière. Tu piges ?

Jesse haussa les épaules.

– D'autres questions ? reprit l'éducateur.

– Vous avez des nouvelles de ma maman ?

En voyant Mercer secouer la tête, Jesse comprit que ses espoirs étaient vains.

– Tu veux que j'essaie de me renseigner sur elle ? demanda Mercer avec douceur, ému par l'expression poignante du regard de Jesse.

Celui-ci fit lentement signe que non. A quoi bon ? Sa maman l'avait placé à l'Assistance depuis longtemps. Il avait gardé d'elle un souvenir très vivace. Il se rappelait surtout les bons moments, avant que son père ne les abandonne et que les choses ne tournent mal. Mais il se rappelait aussi les épisodes plus pénibles et il ne cessait de se demander si elle avait besoin de son aide, si elle allait bien.

– Il y a longtemps que personne n'entend plus parler d'elle, dit Mercer.

Jesse leva les yeux vers le plafonnier éblouissant. Si seulement il pouvait retrouver sa mère ! Il pourrait l'aider, il en était sûr. Et alors tout irait bien.

Mercer referma le dossier, se leva de sa chaise et invita Jesse à le suivre.

Mais Jesse ne bougea pas.

Mercer l'observa un instant. L'adolescent avait l'air désespéré et vulnérable. Mercer eut pitié de lui. Il le sentait rebelle et farouche, malgré son jeune âge. C'est injuste de voir des gosses avec la rage au ventre, pensa-t-il. Chacun devrait avoir sa chance dans la vie. Il s'en voulait de s'être mis en colère contre lui. Il n'aimait pas ça. En fait, ce n'était pas lui qui le mettait en colère, mais la situation dans laquelle il s'était fourré. A qui la faute ? A sa mère ? A son père ? A la société ? Peut-être. Mais on ne pouvait plus rien y changer, maintenant. Tout ce que Mercer pouvait faire, c'était essayer de réparer les pots cassés, d'arrondir les angles et de faire en sorte que Jesse ne recommence plus les mêmes bêtises.

Il se baissa pour ramasser le sac à dos de Jesse sous son bureau.

– Tu le reconnais ? demanda-t-il.

Jesse attrapa le sac à deux mains. Ce n'était

qu'un sac ordinaire, mais il représentait beaucoup pour lui.

Vingt minutes plus tard, au volant de sa Buick, Mercer entrait dans un quartier propret, quoique modeste, et se garait devant une petite maison, dans l'allée de laquelle stationnait une énorme dépanneuse vert foncé avec, sur la portière, l'inscription DÉPANNAGE GREENWOOD en lettres rouges et jaunes. Un homme d'une trentaine d'années, au visage taillé à coups de serpe, en descendit.

– Tu as le trac ? demanda Mercer.

Jesse s'enfonça dans son siège en secouant la tête d'un air obstiné. Mercer sourit.

– Moi, j'ai le trac, dit-il. (Il désigna la maison.) Je suis sûr qu'ils ont le trac aussi. Tu dois être le seul à ne pas l'avoir.

Jesse regarda la maison. Elle n'avait rien de très imposant, contrairement à certaines résidences où il avait vécu. Elle semblait propre et bien entretenue, mais le porche avait besoin d'un coup de peinture et il y avait des mauvaises herbes au bord de l'allée.

Mercer coupa le contact et se tourna face à Jesse. Son sourire chaleureux avait disparu. Ça y est, pensa Jesse, il va me faire la morale.

– Si tu t'enfuis encore une fois et que tu te fais arrêter pour quelque motif que ce soit, commença l'éducateur, c'est la maison de correction. Pour dix-huit mois. Tu m'entends, Jesse ?

– Je vous entends, répondit le garçon avec calme.

Ils descendirent tous deux de la voiture et se dirigèrent vers la porte d'entrée. A peine avaient-ils fait quelques pas que l'attention de Jesse fut attirée par une jeune femme sortant de la maison.

Elle semblait à peu près du même âge que le chauffeur de la dépanneuse et vint à leur rencontre avec enthousiasme.

– Salut, Jesse, dit-elle en arrivant à leur hauteur. Ravie de te revoir.

Jesse baissa timidement les yeux. Il sentit la main de Mercer se poser sur son épaule.

– Comment allez-vous, Annie ? demanda l'éducateur. La journée a été longue pour vous et moi.

Du coin de l'œil, Jesse vit le chauffeur de la dépanneuse venir vers eux à travers la pelouse. Il reconnut Glen Greenwood, le mari d'Annie.

Il fut surpris par le changement d'attitude des Greenwood. Lorsqu'on les lui avait présentés, trois semaines plus tôt, dans le bureau de Mercer, ils lui avaient paru froids et distants. Mais ici, dans leur jardin, ce n'étaient plus les mêmes personnes. Ils avaient l'air nettement plus détendu.

– Hello, Dwight, fit Glen en saluant Mercer.

Il s'essuya les paumes sur sa chemise et tendit la main à Jesse. Celui-ci hésita à la serrer mais, pressé par une petite tape de Mercer dans le dos, il s'y résigna à contrecœur.

— Tu as des bagages à décharger ? lui demanda Glen.

— Quels bagages ? répliqua Jesse. (Il montra son sac.) Je voyage léger ces jours-ci.

— Eh ! tu as bien raison, approuva Glen avec un sourire. Comme ça, rien ne te ralentit.

Jesse rit intérieurement. Glen ne croyait pas si bien dire : moins on était chargé et plus c'était facile de fuguer.

— Allez, viens, Jesse, fit Annie. Entrons, on va dîner.

Jesse jeta un œil à Mercer. L'éducateur acquiesça en souriant.

Annie entraîna Jesse vers la maison, suivie à quelque distance de Mercer et de Glen. Jesse supposa que les deux hommes étaient en train de discuter de détails administratifs. Il connaissait tout ça. Il y aurait des papiers à signer, un échange de vues sur le passé « à problèmes » de Jesse, un exposé des clauses de sa liberté conditionnelle avec les obligations fixées par la brigade des mineurs.

Jesse n'arrivait pas à se faire une idée précise de ce que les Greenwood pensaient de lui. Il ne comprenait pas ce qui pouvait les pousser à vouloir accueillir un délinquant avéré comme lui dans leur foyer.

En ce qui le concernait, ils cherchaient des ennuis.

4

– Vous avez un ordinateur dans la cuisine ! s'exclama Jesse en voyant un écran et un clavier posés comme des cheveux sur la soupe entre le réfrigérateur et un panier à pain en fer forgé.

L'ordinateur était entouré de fournitures de bureau. Au-dessus, il y avait un tableau en liège avec des fiches et de petites feuilles de papier fixées par des punaises.

– Ouais, fit Glen avec une grimace. Ça surprend, hein ?

– Je m'en sers pour écrire, expliqua Annie en posant un plat sur la table devant Jesse et son mari.

– Je lui ai installé un bureau, dit Glen. Mais elle ne l'utilise pas.

– Je travaille mieux dans la cuisine, reprit Annie. Depuis toujours. Peut-être parce que je faisais mes devoirs de classe dans la cuisine. Je ne sais pas, je trouve qu'un bureau a quelque chose d'intimidant.

L'agréable fumet de la nourriture réveilla l'appétit de Jesse. Son estomac criait famine. Il avait encore dans la bouche le goût du hamburger trop cuit et du gâteau volé, qui lui rappelaient de mauvais souvenirs.

– Vous écrivez des livres et tout ça ? demanda Jesse en s'efforçant d'ignorer la plainte de son estomac.

Il se sentait mal à l'aise, déplacé, dans cette cuisine et cherchait quelque chose à dire pour se donner une contenance. Maintenant que Mercer était parti, il était livré à lui-même.

– Non, j'enseigne, répondit Annie en s'asseyant à table. Mais j'essaie de me lancer dans la carrière de journaliste. J'ai déjà vendu deux articles à des hebdomadaires, qui ne m'ont toujours pas payée, d'ailleurs. L'un d'eux traitait justement des enfants placés à Cooperton. C'est comme ça que j'ai connu Dwight.

C'est donc ça, pensa Jesse. Je suis un sujet d'étude.

Glen poussa un plat vers Jesse.

– Vas-y, sers-toi, dit-il.

Jesse ne se fit pas prier. Il mangea en dévorant des yeux chaque bouchée avant de l'avaler. Ce faisant, il se sentait observé par ses hôtes et cela ne lui plaisait pas beaucoup. Cela lui rappelait le réfectoire de Cooperton, quand les surveillants tournaient autour des tables avec des regards sournois de gardes-chiourme.

– Et toi, Jesse, qu'est-ce qui t'intéresse dans la vie ? demanda Glen.

Jesse cessa de mastiquer. Il n'aimait pas ce genre de questions. Pour lui, c'était un langage d'assistante sociale. Tout à fait dans le style de Mercer quand il prenait ses airs compatissants.

– Rien, dit-il. Je n'aime pas parler en mangeant.

Glen et Annie furent un peu désarçonnés par sa réponse. C'était ce qu'il cherchait. Il voulait marquer ses distances tout de suite. Comme ça, au moins, les choses étaient claires. Il n'aimait pas être manipulé. Il voulait contrôler la situation. Avoir le dernier mot.

– Bien, qu'est-ce que tu veux boire ? dit Annie pour détourner la conversation. (Elle se dirigea vers le frigo.) Du jus de fruits ? Du lait ?

– Du café. Noir. Avec des tonnes de sucre.

A nouveau, il avait réussi à mettre Glen et Annie mal à l'aise. On avait l'impression qu'il s'efforçait de dresser, entre les Greenwood et lui, un mur invisible derrière lequel il se retranchait dès que ceux-ci tentaient de se rapprocher de lui, un mur qu'il était seul capable de franchir. Et il le franchirait seulement quand ça lui plairait, c'est-à-dire quand il aurait un désir à exprimer, quand il aurait faim ou besoin d'argent. Il avait décidé que leurs rapports s'arrêteraient là. De toute façon, les Greenwood ne tarderaient pas à en avoir assez de lui et à le renvoyer à Cooperton.

Le dîner fut bref et tranquille, ce qui convenait tout à fait à Jesse. Après le dessert, Annie et Glen lui montrèrent sa chambre. C'était une petite pièce, à l'étage, qui avait été installée récemment et avec amour. Tout y était fait pour être accueillant. Il y avait une jolie lampe de chevet, qui diffusait une chaleureuse lumière jaune, et des draps neufs. Les couvertures étaient partiellement repliées.

Alors, Jesse vit le cadeau : une boîte soigneusement enveloppée, posée au milieu du lit.

— Vas-y, ouvre, dit Annie. C'est un petit cadeau de bienvenue.

Il détourna les yeux d'un air gêné. Devinant son embarras, Glen ramassa la boîte.

— Tu regarderas ça plus tard, hum ? fit gentiment le mécanicien.

— Je t'ai acheté quelques habits, annonça Annie. Avec beaucoup de bleu. Dwight dit que le bleu est ta couleur préférée.

Jesse haussa les épaules.

— Ils m'ont fait remplir un formulaire, expliqua-t-il. Je savais pas quoi écrire.

— Eh bien, essaie-les, reprit Annie sans se démonter. On pourra les échanger si tu veux.

Jesse se contenta d'acquiescer. Ouais, c'est ça.

Un pénible silence s'installa dans la pièce. Jesse se sentait à nouveau observé par les Greenwood et il n'aimait pas ça.

Il tripota le radioréveil à côté du lit et essaya plusieurs longueurs d'onde, jusqu'à ce qu'il tombe sur une station qui jouait un rap des Beastie Boys.

– Je ne pouvais pas me passer de transistor quand j'avais ton âge, commenta Annie.

Jesse serra les lèvres. Cette bienveillance faussement compréhensive lui portait sur les nerfs. Il avait envie de crier, mais il se contenta d'augmenter le volume de la radio.

Soudain, le mur invisible s'épaissit et devint de plus en plus haut, de plus en plus infranchissable. Il ne voyait plus les Greenwood.

Il entendit vaguement Glen lui dire :

– Bon, eh bien, on va te laisser. Si tu as besoin de quoi que ce soit, on est en bas.

Ils s'éclipsèrent et Jesse entendit la porte se refermer derrière eux.

Il poussa un soupir de soulagement. Le mur invisible était provisoirement remplacé par la porte de la chambre. Il éteignit la radio et alla regarder par la fenêtre.

Une seconde plus tard, la porte se rouvrit et Annie passa la tête par l'entrebâillement. Jesse se retourna en sursautant, les muscles tendus.

– Je suis contente de t'avoir parmi nous, Jesse, dit-elle. Bonne nuit.

Il la salua poliment, mais sans un mot.

Dès qu'elle fut partie, il se planta de nouveau devant la fenêtre. De sa chambre, il pouvait voir la cour et la rue au-delà. Des rangées de toits et de cours. Plus loin, il y avait le port et le pont qui menait à la ville. Dans le ciel, la pleine lune se levait à travers les dernières lueurs orangées du jour.

Jesse saisit son sac à dos et s'assit à même le sol, en s'appuyant contre la porte comme pour dresser une barricade contre un éventuel intrus. Il fouilla dans son sac et en sortit un coffret, qu'il ouvrit. A l'intérieur, il y avait un vieil harmonica. Il ne savait ni où il se l'était procuré ni depuis combien de temps il l'avait. Il savait seulement que l'instrument était toujours dans son sac.

Il souffla dessus pour le dépoussiérer et l'essuya sur sa chemise. Puis, il le porta à ses lèvres et se mit à jouer doucement.

Les notes mélancoliques semblaient se mêler à la lumière blanche du clair de lune qui filtrait dans la chambre. Il leva les yeux. La lune ressemblait à un visage d'homme, qui riait en contemplant le bas monde.

5

En plein jour, le parc de loisirs n'avait rien de très impressionnant. Quand Glen arrêta sa dépanneuse devant l'entrée, Jesse put voir que la plupart des bâtiments étaient délabrés et mal entretenus. Même l'enseigne surmontant le portail était vétuste et délavée.

Glen sortit une vieille bicyclette à trois vitesses de la benne arrière. Jesse l'enfourcha aussitôt en écoutant les dernières recommandations de Glen et pédala en direction du parc à la recherche du superviseur à qui il était censé rendre des comptes.

Après s'être renseigné auprès d'un employé du parc, il roula avec précaution à travers le dédale de constructions diverses qui abritaient les attractions. Il ralentit en atteignant l'amphithéâtre où il s'était caché quelques nuits plus tôt. L'orque peint à l'entrée lui semblait beaucoup moins effrayant maintenant. Comme tout le reste dans le parc, il était grisâtre et terne. Il évoquait davantage un fantôme du passé qu'un mangeur d'hommes vivant.

Il continua jusqu'à l'endroit que lui avait indiqué l'employé, un pavillon dominant le port. Là, il descendit de bicyclette. Une vivifiante odeur d'iode montait de l'océan. Il s'approcha du porche et risqua un œil à travers le paravent de l'entrée.

Il n'y avait personne.

L'espace d'un instant, il pensa à s'enfuir. C'était le moment idéal pour tirer sa révérence. Son superviseur était censé l'attendre ici et personne n'était au rendez-vous. Si jamais il se faisait reprendre, ce qui n'entrait pas dans ses intentions, il pourrait toujours expliquer à Mercer qu'il avait tenu ses engagements. Il s'était présenté au rendez-vous et, trouvant porte close, était reparti à l'aventure.

Mais il fut surpris par l'aspect insolite de l'intérieur du pavillon. La pièce était encombrée d'objets bizarres qui l'intriguaient et il eut envie d'y regarder de plus près.

Il entra. Une légère brise soufflait à travers les fenêtres ouvertes et l'air marin embaumait la maisonnette. C'était une petite construction, mais la fraîcheur du dehors lui donnait une apparence spacieuse.

Il y avait des affaires partout.

Des livres étaient empilés sur les tables et les

chaises. La minuscule cuisine était jonchée d'assiettes et d'ustensiles divers. Un équipement de plongée et une combinaison d'homme-grenouille mouillée étaient abandonnés contre un mur.

Parmi ce capharnaüm, il y avait une collection de petites sculptures qui attirèrent son œil. C'étaient des sortes d'amulettes et autres colifichets comme en portaient les Indiens dans les vieux westerns qu'il avait vus à la télévision. De près, ces sculptures ressemblaient aux souvenirs bon marché que les touristes achètent en vacances. Il y avait même un petit totem sur une étagère.

Jesse prit une figurine dans la main et l'observa. Elle représentait un orque semblable à celui qui était peint à l'entrée de l'amphithéâtre.

Cela lui rappela sa rencontre avec le vrai cétacé qui vivait dans le bassin de l'amphithéâtre. Jamais il n'aurait imaginé se retrouver un jour aussi près d'un tel animal.

Perdu dans ses pensées, Jesse ne remarqua pas que quelqu'un était en train de l'épier. Il ne s'en rendit compte qu'en entendant la porte se refermer derrière lui. Il pivota sur lui-même, sursauta et la figurine faillit lui tomber des mains. Il venait de reconnaître, campé sur le seuil, l'homme trapu qui l'avait poursuivi dans les gradins l'autre nuit. L'inconnu avait de longs cheveux noirs, un visage tanné par les embruns et des yeux perçants. Il portait un blue-jean délavé, un tee-shirt et une casquette de base-ball.

– Tiens, l'artiste est de retour, dit-il d'une voix rauque. Bienvenue chez nous.

Les présentations faites, Randolph Ketchikan Johnson, le régisseur du parc aquatique, fit signe à Jesse de le suivre. Ils longèrent le bassin principal et entrèrent dans le bâtiment sombre où ils s'étaient battus quelques nuits auparavant. Après un arrêt dans l'atelier du service d'entretien, le superviseur conduisit Jesse devant les vitres panoramiques du bassin, encore couvertes de graffiti.

– Nous sommes tous devenus des admirateurs de ton œuvre, ironisa Randolph. Mais les meilleures choses ont une fin.

Jesse reconnut les tags dont il avait abondamment barbouillé les vitres avant d'être mis en fuite par Johnson et la police. Il détourna la tête, rouge de confusion.

– C'est le moment de retrouver ta créativité, dit le régisseur en posant une paire de gants et un seau devant le garçon. Tu sais te servir de ça ?

Jesse regarda le seau et acquiesça. Les effluves qui s'élevaient d'un pot de dissolvant ammoniaqué le firent grimacer.

Quand il leva les yeux, Randolph avait disparu.

En contemplant son œuvre, Jesse se dit qu'il

aurait cent fois préféré avoir un autre pistolet de peinture à sa disposition plutôt que des gants de caoutchouc. Il les enfila à contrecœur.

Il s'empara d'un tampon à récurer, le trempa dans un détergent et se mit en devoir d'effacer ses tags en frottant énergiquement sur la vitre. Quand la peinture rouge séchée commença à se diluer, il scruta les profondeurs bleues de l'eau avec curiosité. Le bassin semblait vide et silencieux. Avait-il vraiment vu cet orque l'autre nuit ? L'animal était-il là en ce moment, caché quelque part dans l'ombre ?

En se penchant pour imbiber à nouveau son tampon, il se dit que ce serait vraiment un jeu d'enfant de s'enfuir. En quelques enjambées, il pouvait être dans le parc, ni vu ni connu, et hop ! adieu la compagnie. Il leur faudrait des jours, voire des semaines, pour retrouver sa trace. Et, qui sait ? peut-être que, cette fois, il leur échapperait pour de bon.

Ses pensées furent interrompues par un bruit aquatique derrière lui. Il sentit un picotement de frayeur sur sa nuque, mais se retourna courageusement.

Le voilà !

L'orque jaillit des profondeurs du bassin comme une énorme torpille fonçant droit sur Jesse. Avec son large aileron et ses puissantes nageoires, la créature noire paraissait beaucoup plus grande et imposante que l'autre fois. Elle se dirigeait vers lui avec détermination, comme si elle avait eu l'intention de défoncer la vitre.

Jesse se recroquevilla en anticipant le choc. Mais, au lieu de s'écraser contre le panneau de verre, l'orque vira au dernier moment, le frôla légèrement avec son flanc et repartit.

Jesse s'approcha de la vitre. L'apparition soudaine du cétacé l'avait stupéfié, comme si le seul fait d'y penser avait suffi à le faire surgir du néant.

Il se rappela la cage d'escalier qui menait à l'amphithéâtre et grimpa les marches deux à deux jusqu'au toit. Mû par une sorte d'intuition, il courut le long du bassin et se hissa sur une plate-forme qui surplombait l'eau.

Il se démancha le cou pour tenter d'apercevoir l'orque.

Viens, mon gros, viens, dit-il intérieurement. Où es-tu ? Montre-toi. Je sais que tu es là.

Il attendit longuement la réapparition de l'animal. Il avait l'impression que celui-ci l'avait invité à le suivre d'en bas, qu'il l'appelait. Il allait réapparaître, ce n'était qu'une question de patience.

Alors, il patienta en écoutant le ronronnement rythmique de la machinerie du réservoir. Le scintillement du soleil sur la surface de l'eau commençait à l'hypnotiser.

Sa rêverie fut brusquement interrompue par une

poigne de fer sur son épaule, qui l'entraîna à l'écart de la plate-forme.

– Qu'est-ce que tu fais ici ? dit Randolph Johnson en attrapant Jesse par le collet.

– Rien ! rétorqua Jesse.

Il se sentit pris au piège.

Comme pour répondre à ses pensées, la surface de l'eau se déchira dans un grand fracas. Jesse et Randolph se raidirent en voyant émerger la massive silhouette de l'orque, la gueule grande ouverte, avec ses formidables dents acérées qui luisaient au soleil.

Jesse eut le sentiment que l'animal avait surgi pour le sauver des griffes de Randolph, mais il se trompait. L'immense créature replongea aussitôt et fila vers la paroi opposée du bassin.

Randolph entraîna Jesse sans ménagement sur le sol cimenté de l'amphithéâtre, un endroit bien plus sûr que la plate-forme.

– Il pèse plus de trois tonnes et demie, dit-il en désignant le cétacé. Avec les mâchoires qu'il a, il peut réduire tes os en bouillie comme un rien.

Mais Jesse n'arrivait pas à détacher les yeux de l'animal.

– Willy est parfois capricieux, continua le régisseur.

Willy. Le nom de l'orque frappa l'imagination de Jesse.

– Il faut toujours lui laisser de l'espace. Tu vois

ce que je veux dire ? Si tu le laisses tranquille, il te laissera tranquille. Compris ?

Le regard de Jesse alla de Randolph à Willy. Celui-ci poussa une longue plainte qui résonna contre les parois du bassin.

6

Au bout de quelques heures, Jesse avait réussi à effacer une partie de ses tags sur les vitres. Le travail s'était révélé moins pénible qu'il ne l'avait d'abord craint. Le tout était de s'y mettre.

Il avait tellement frotté que ses bras commençaient à lui faire mal, mais il n'y pensait pas. Son esprit était tout entier accaparé par l'orque. Il était intimement convaincu qu'il comprenait ce que cette gigantesque créature ressentait, prisonnière de ce bassin. Il n'aurait pas su dire pourquoi, mais il était certain que Willy cherchait un ami, quelqu'un qui le comprenne.

Jesse avait envie de revoir Willy. Il voulait lui faire savoir qu'il le comprenait. De temps en temps, il cessait de frotter pour regarder à travers la vitre, dans l'espoir de l'apercevoir, mais le cétacé demeurait invisible.

Il entendit un haut-parleur diffuser de la musique, en haut dans l'amphithéâtre. Puis, ce fut un tonnerre d'applaudissements. Alors, il décida de monter pour voir ce qui se passait.

Il y avait des spectateurs sur les gradins. Certains étaient assis, d'autres debout en train de grignoter des pop-corn. Le spectacle se déroulait dans l'eau, au centre du bassin.

Jesse suivit la direction de leurs regards. Une jeune femme, en combinaison multicolore, se tenait sur la plate-forme. Mais, bien qu'elle fût extrêmement jolie, ce n'était pas elle qui retenait l'attention des spectateurs.

Il y avait deux phoques à ses côtés. Elle sortit deux poissons d'un seau posé devant elle et les brandit au-dessus de l'eau. Aussitôt, les phoques bondirent, happèrent la nourriture et retombèrent lourdement dans les flots.

– Comme vous voyez, Olivia et Belinda sont très gourmandes, annonça-t-elle dans un micro qu'elle portait à son cou. (Sa voix était répercutée dans les haut-parleurs.) Quelques applaudissements pour Olivia et Belinda !

Les spectateurs tapèrent dans leurs mains sans grand enthousiasme.

– Dans quelques instants, mesdames et messieurs, vous pourrez admirer Willy, notre orque vedette, ici même, dans ce bassin.

Une partie du public commençait à quitter les

gradins, mais Jesse ne bougea pas. Il attendait. Il voulait revoir Willy.

Deux ouvriers soulevèrent une lourde grille de fer qui formait une séparation entre l'espace réservé à Willy et la partie principale du bassin. A présent, Willy était libre de nager. A l'idée de revoir le mastodonte en mouvement, Jesse avait le souffle court.

Mais Willy ne broncha pas.

Les ouvriers se saisirent de deux longues perches, avec lesquelles ils titillèrent et agacèrent l'énorme mammifère pour l'inciter à prendre la direction du chenal menant au bassin principal.

Jesse devina que Willy n'avait aucune envie de se produire en public pour jouer les bêtes de cirque. En le voyant pénétrer dans la partie centrale du bassin, il avait l'impression de se voir lui-même en train de s'asseoir contre son gré à la table des Greenwood, qui le harcelaient de questions idiotes.

Il s'approcha du parapet et se pencha au-dessus de l'eau pour avoir un meilleur angle de vue. Willy était bien là, mais il demeurait immobile.

– Ecoutez, vous pouvez le regarder tant que vous voulez en lui faisant les gros yeux, ça n'y changera rien ! s'écria la dresseuse de phoques.

La femme à la combinaison multicolore se tenait maintenant à quelques pas de Jesse et parlait avec deux hommes, un grand au front dégarni, vêtu d'un complet, et un gros bedonnant.

– Je ne suis pas responsable, rétorqua l'homme en complet, d'un ton fâché.

– C'est ce que je vois, dit la femme.

L'homme observa Willy, qui n'avait toujours pas bougé.

– Ça s'annonce mal, fit-il. On a besoin de cet orque dans le spectacle.

S'apercevant que quelques spectateurs écoutaient leur conversation, il baissa la voix. Jesse s'écarta pour les laisser se disputer dans leur coin. L'homme au crâne dégarni était apparemment le directeur du parc aquatique et l'inertie de Willy semblait le contrarier au plus haut point.

Jesse passa la tête par-dessus la rambarde du bassin et scruta la surface de l'eau. Willy avait disparu. On ne voyait rien. Il se retourna vers la dresseuse de phoques et l'homme en complet. Ne se rendaient-ils pas compte que Willy pouvait les entendre, lui aussi ?

Tout à coup, une clameur s'éleva du public. Jesse se retourna et vit l'énorme tête en forme d'obus de Willy jaillir des flots. Il recula en écarquillant les yeux. Willy se dressa et parvint à maintenir sa tête hors de l'eau en montrant ses dents acérées et féroces.

Jesse contempla la gueule massive de l'animal marin en essayant de lire dans ses yeux, car il était certain que Willy l'avait reconnu et le regardait, lui personnellement.

Puis, l'orque se laissa retomber dans l'eau, qui bouillonna sous l'impact de son corps gigantesque. Son plongeon provoqua une formidable onde de choc.

Jesse était ébahi. Sous l'eau, la silhouette monumentale de Willy, qui évoluait avec une agilité surprenante pour un animal de cette taille, prenait une apparence gondolée. Cette fois, Jesse en était convaincu : Willy l'avait reconnu et cherchait à attirer son attention.

L'orque voulait devenir son ami.

– C'est toi, le garnement, n'est-ce pas ? demanda une voix féminine.

Jesse se retourna. C'était la dresseuse de phoques. Elle avait délaissé les deux hommes pour s'approcher de lui. De près, elle faisait beaucoup plus jeune que Randolph.

– Je suppose que oui, répondit-il.

Tout le personnel du parc aquatique devait avoir entendu parler de lui, maintenant, pensa-t-il.

– Tu as fait de jolis dégâts dans notre salle panoramique, dit-elle. Ça me met vraiment hors de moi. On a assez de problèmes ici sans avoir à faire la chasse aux tagueurs.

– Désolé.

– Vraiment ?

Jesse haussa les épaules, puis secoua la tête et reporta son attention sur le bassin.

– Je m'en doutais, fit la dompteuse. Tu aimes les orques ?

– J'aime celui-là, répondit-il en cherchant Willy des yeux.

– Eh bien, lui, il n'aime personne. Alors, fais très attention. Willy est un cas particulier.

– Tout le monde l'est, non ? répliqua-t-il sans quitter des yeux le bassin.

Il sentit peser sur lui le regard de la femme, qu'il imaginait déconcertée par sa réponse.

– Ecoute, reprit-elle, ce n'est pas encore l'heure du spectacle. Ce n'est qu'une répétition. Et je crois savoir que tu as du travail à faire.

Cause toujours, bougonna Jesse en regagnant la salle panoramique où l'attendait sa corvée de nettoyage. Tu as raison sur un point : j'ai du travail. Mais, pour le reste, tu te trompes. Willy aime au moins *une* personne.

Moi !

7

Jesse s'appuya contre le grillage et souffla doucement dans son harmonica. De la cour des Greenwood, il pouvait voir le port. Le soleil couchant teintait l'eau de reflets orangés.

Soudain, il sentit une présence derrière lui. Il cessa aussitôt de jouer et se retourna. Glen Greenwood se tenait tout près de lui et l'observait d'un œil perçant.

– J'ai des gants de base-ball, si ça te tente, dit Glen en montrant une paire de gants de cuir qu'il portait sous son bras.

Il en lança un à Jesse.

Jesse le palpa dans ses mains. Il était vieux et sale, mais avec une magnifique patine qui le rendait très lisse. Jesse n'en avait jamais vu d'aussi lisse.

– J'aime bien faire quelques balles de temps en

temps, dit Glen en s'approchant du garçon. J'ai ces deux gants depuis l'école primaire. Regarde un peu celui-ci, comme il est lustré ! J'ai passé des nuits entières à cracher dedans et à le marteler avec mon poing.

Jesse observa Glen d'un œil soupçonneux. Il n'appréciait pas beaucoup cette approche paternaliste typiquement américaine. Il trouvait que ça sonnait faux. Le plus drôle était que Glen lui-même avait l'air de trouver que ça sonnait faux.

Il se détourna.

– Combien ils vous paient pour être mes geôliers ? demanda-t-il sèchement.

Il devina qu'il avait blessé Glen, qu'il l'avait atteint là où ça faisait mal. Mais, après tout, n'était-ce pas la vérité ? Pourquoi les Greenwood avaient-ils voulu le recueillir chez eux sinon par appât du gain et pour remplacer l'enfant qu'ils n'avaient jamais eu ?

Et moi, dans tout ça ? s'interrogea Jesse avec colère. Personne ne m'a demandé mon avis. Mes désirs ne comptent pour rien dans le contrat qu'ils ont signé.

Il s'attendit presque à sentir le gant de Glen s'abattre sur sa nuque en guise de représailles. Mais le coup ne vint pas.

– Ah, t'es un gars rentable, c'est sûr, dit Glen. Une vraie vache à lait. Avec ce que tu me rapportes et en ajoutant un petit million de dollars, je pourrai prendre ma retraite quand je serai centenaire.

Très drôle, pensa Jesse. Il tente une approche différente. C'est à l'Assistance qu'on t'a appris toutes ces tactiques ? Tu t'imagines peut-être que cette clôture est assez haute pour me retenir prisonnier ? Je peux la sauter comme un rien et me tirer d'ici à n'importe quel moment. Quand je le voudrai.

– Des geôliers, hein ? Très bien, fit Glen.

Il est toujours derrière moi ? maugréa Jesse en son for intérieur.

– Ma foi, je suis encore nouveau dans ce métier, poursuivit Glen. Tu pourrais peut-être m'aider ?

– Quoi ?

– Oui, quel genre de règlement on pourrait fixer ?

– Vous me demandez ça, à moi ?

– Tu es expert en la matière, non ?

– Je sais pas, répondit Jesse avec prudence.

– Bien sûr que si. Je suis certain qu'il y avait un règlement différent dans tous les endroits où tu as été.

Qu'est-ce que c'est que cette entourloupe ? pensa Jesse. Depuis quand est-ce au prisonnier de dicter ses conditions ? Il réfléchit à toutes les règles qu'il avait enfreintes par le passé. Celles de l'Assistance, celles de Mercer, de l'orphelinat, de Northwest Adventure Park. Aucune de ces règles ne lui plaisait. Si on lui permettait de fixer lui-même le règlement, ce serait plutôt quelque chose dans le genre...

– D'accord, d'accord, fit-il. Règle numéro un... (Il hésita. Je tente le coup ou non ? Pourquoi pas ?) Règle numéro un : vous devez me donner une allocation chaque semaine.

– De l'argent ?

– Ouais.

Pourquoi pas ? songea-t-il. Tu veux un vrai fils ? Eh bien, alors, prouve que tu peux être un vrai père. D'ailleurs, pourquoi ne pourrais-je pas profiter de cet arrangement, moi aussi ?

Jesse ne pensait pas réellement que Glen prendrait sa requête au sérieux mais, quelques secondes plus tard, il sentit quelque chose se glisser dans sa main. Il regarda ce que c'était : un billet de cinq dollars !

– Parfait, dit Glen en rangeant son portefeuille dans sa poche. Quoi d'autre ?

Jesse était sidéré. Glen lui avait donné l'argent sans sourciller. Il n'avait même pas été nécessaire d'inventer un prétexte pour l'obtenir.

– Pour les règles suivantes, je vais réfléchir, répondit Jesse en empochant les cinq dollars.

– Entendu. Mais voici le marché : tu te couches tous les soirs à dix heures, tu te lèves à temps pour le petit déjeuner et tu rentres pour le dîner à sept heures. Et tu ne sors pas sans nous demander la permission. On veut savoir où tu es. Ensuite, on mettra au point les *vraies* règles. On est d'accord ?

Jesse le regarda droit dans les yeux. C'était la première fois qu'il le faisait depuis son arrivée.

– On est d'accord, fit-il.

Pour cinq dollars, ça valait la peine d'entrer dans le jeu du dépanneur. Enfin... jusqu'au jour où il déciderait de prendre la clé des champs.

8

– Fini ! dit Jesse en effaçant la dernière trace de tag sur la vitre panoramique.

Ça n'avait pas été un boulot si dur, somme toute, et ça ne lui avait pas demandé quinze jours, durée prévue de sa « peine ». Malgré la satisfaction du travail accompli, il ne pouvait s'empêcher d'éprouver une certaine tristesse. Certes, sa corvée était terminée et il ne serait plus obligé de venir au parc aquatique, mais cela signifiait aussi qu'il n'aurait plus la possibilité de voir Willy de près.

Il essaya d'apercevoir l'orque de l'autre côté de la vitre nettoyée. Il voulait lui dire au revoir. Mais Willy remarquerait-il seulement son absence, quand il serait parti ?

Il sortit son harmonica de sa poche et joua un air mélancolique.

A peine avait-il égrené quelques notes que quelque chose bougea dans le bassin. Un cri aigu lui parvint, comme en réponse aux sons de son instrument, un cri lointain, qui semblait provenir des profondeurs du bassin.

Il écrasa son nez contre la vitre et scruta les eaux. Il repéra une chose noire, au loin, qui décrivait de gracieuses courbes. C'était Willy, il en était sûr. En plissant les yeux, il vit l'orque agiter sa large queue comme pour lui faire signe. C'était à croire que Willy avait compris ce qui se passait. Il savait que Jesse allait partir et il lui disait adieu de loin.

Pour lui montrer qu'il avait bien reçu le message, Jesse joua quelques notes supplémentaires. Sa musique semblait inciter Willy à se mouvoir. Alors, il joua plus fort et remarqua que l'orque était en train de remonter à la surface.

Il grimpa l'escalier en courant et arriva dans l'amphithéâtre juste à temps pour voir Willy jaillir des flots et replonger aussitôt en lui éclaboussant le visage.

– On dirait que tu t'amuses bien, Wilhelm ! dit une voix derrière Jesse.

C'était Rae Lindley, la dresseuse de phoques qu'il avait rencontrée la veille. Elle semblait avoir remarqué, elle aussi, que Willy était d'humeur joyeuse.

– Ça l'amuse d'éclabousser la tête des gens,

hein ? demanda Jesse à la jeune femme, qui avait été arrosée comme lui par le plongeon de Willy.

— Tu comprends ça ? dit Rae.

Jesse acquiesça.

— Moi, je ne comprends pas, continua-t-elle. D'habitude, les orques sont malins et gentils. Willy est malin et méchant. Tu l'aimes vraiment ?

Jesse acquiesça à nouveau.

— Viens, dit-elle en l'entraînant à l'écart. Tu vas me donner un coup de main.

Elle conduisit Jesse vers un petit cabanon en bois, derrière le bassin. Une odeur âcre flottait dans l'air. Jesse se demanda quelle en était la cause et le comprit en entrant dans le cabanon : la puanteur émanait de divers cageots remplis de petits poissons.

Rae décrocha du mur deux tabliers de caoutchouc et en lança un à Jesse. Il l'enfila docilement. Puis, elle fouilla dans un des cageots et en sortit quelques poissons. Certains étaient intacts, d'autres éventrés et sanguinolents.

— Celui-ci est bon, dit-elle en lui montrant un poisson entier. Celui-ci n'est pas bon, ajouta-t-elle en lui en montrant un tout abîmé. Compris ? Il faut trier tous les jours la mauvaise marchandise qu'ils nous fournissent. Willy ne mange pas n'importe quoi.

Jesse avait pigé. C'était la nourriture de Willy.

Il se mit aussitôt en devoir de trier les poissons comme elle le lui avait indiqué.

Au bout de quelques minutes, il s'aperçut que Rae le regardait.

– Tu es vraiment un mauvais garçon ou tu fais semblant ? demanda-t-elle.

Jesse la toisa. Juste au moment où il commençait à se sentir bien, il fallait qu'un adulte « bien intentionné » éprouve le besoin de lui poser encore une de ces questions paternalistes à la noix.

– Tu n'es pas obligé de considérer tout le monde comme un ennemi, tu sais, poursuivit-elle avec gentillesse en jetant un poisson déchiqueté au rebut.

Il décida d'ignorer superbement sa remarque.

– Willy est un orque tueur, dit-il. Il serait capable de nous tuer ?

– Les orques sont simplement des chasseurs, expliqua-t-elle. Ils mangent surtout des poissons. Quelquefois des oiseaux, des requins, des calmars, des marsouins. Ce que Willy préfère, c'est le saumon. C'est sa friandise.

Jesse crut percevoir une certaine tristesse dans la voix de Rae en l'entendant décrire les habitudes alimentaires de Willy. Qu'avait-elle voulu dire en parlant de « la mauvaise marchandise qu'ils nous fournissent » ? Comment pouvait-on nourrir une créature aussi imposante avec des aliments bon marché, surtout si ladite créature était censée gagner sa pitance en se produisant en public ? Et d'abord, qui étaient ces « ils » ? Les propriétaires du parc ? Randolph ? Non, Randolph était différent. Sans savoir pourquoi, Jesse avait le sentiment que Randolph était un ami de Willy, non un ennemi. Mais il n'aurait pas pu en dire autant du chauve en complet-veston qu'il avait vu se disputer avec Rae, la veille. Ce type-là n'avait pas l'air de se soucier beaucoup de la santé de Willy.

Jesse aurait voulu pouvoir rester plus longtemps dans le parc aquatique. Il n'aimait pas particulièrement les gens qu'il y côtoyait, mais il avait envie de s'assurer que Willy était bien traité. Comment faire pour rester en contact avec Willy ? Il lui fallait trouver un moyen. Mais lequel ? Etant donné qu'il avait toujours l'intention de s'échapper de chez les Greenwood, ce ne serait pas chose facile.

A lui d'imaginer une solution.

Il eut soin de ne pas faire de bruit en ouvrant la fenêtre coulissante de sa chambre. Les Greenwood dormaient à proximité et il ne s'agissait pas de les réveiller. Il regarda dans la cour. Il faisait noir. Il n'y avait pas de lune et un épais brouillard s'était levé. Excellent. Ainsi, personne ne pourrait le voir. Il descendit en s'agrippant à la gouttière.

A pas de loup, il alla chercher sa bicyclette dans le garage et roula jusqu'au parc aquatique, à quatre kilomètres. Là, il franchit le portail délabré de l'entrée et se rendit au pavillon de Willy. L'orque peint sur l'enseigne ne lui paraissait plus effrayant du tout. Il ne ressemblait ni à un fantôme ni à un tueur. Il ressemblait simplement à Willy.

Il essaya l'une des portes de la salle panoramique. Fermée. Cela lui rappela la nuit où il avait pénétré pour la première fois dans le parc, quand il fuyait la police avec Perry. Ils avaient dû essayer toute une série de portes avant d'en trouver une ouverte. Pourquoi en serait-il autrement ce soir ?

La chance était avec lui. Il tomba bientôt sur une porte entrebâillée.

En quelques instants, il grimpa jusqu'à l'amphithéâtre et s'assit sur le bord du bassin. Hélas, en pleine nuit, l'eau était noire comme de l'encre. Il eut beau plisser les yeux, il ne décela aucun signe de Willy.

Alors, il se souvint de son harmonica. Il glissa la main dans la poche de sa chemise et porta le petit instrument métallique à ses lèvres.

Il commença par jouer des notes douces, qui se répercutaient sur la surface de l'eau.

Un mouvement se produisit en contrebas. Les flots semblaient palpiter et se rider sous les accents de son harmonica. Alors, il joua plus fort, avec plus d'assurance.

Finalement, une brume d'écume s'éleva du bassin. Les eaux s'ouvrirent et Jesse put voir la forme monumentale de Willy émerger comme une ombre mouvante. Willy paraissait évoluer en rythme avec la musique.

Jesse sourit. Il savait que Willy comprenait son appel.

Il était perdu dans ses pensées quand la lumière crue d'un projecteur le fit sursauter. Il pivota sur lui-même et aperçut Randolph sur le seuil de la porte palière de l'amphithéâtre. Il bondit sur ses pieds et glissa sur le rebord du bassin. Il moulina des bras pour tenter de retrouver son équilibre, mais en vain. Il tomba à la renverse et sombra irrémédiablement dans les profondeurs de l'eau.

9

Jesse faillit perdre conscience en s'enfonçant dans les eaux noires du bassin. Sans savoir ce qu'il faisait, il s'agrippa fermement à son harmonica, comme si le minuscule instrument était la planche de salut qui allait le sauver de la noyade.

Tout autour de lui, ce n'étaient que ténèbres tourbillonnantes. Il n'y avait rien pour arrêter sa chute sans fin, rien de solide à quoi se raccrocher, rien... sauf l'harmonica.

Soudain, pourtant, il sentit quelque chose se former sous lui, une chose énorme, dure et noire, plus noire encore que l'eau. Puis, il eut la sensation d'être projeté vers la surface. Et, comme par magie, il fut transporté des profondeurs asphyxiantes vers l'air libre au-dessus de lui. Ensuite, il fut comme catapulté sur le ciment de l'amphithéâtre.

Il toussa et chercha à reprendre sa respiration

en recrachant par saccades l'eau contenue dans ses poumons. Il se frotta les yeux.

Quand il eut un peu retrouvé son souffle, il se dressa sur ses genoux et regarda par-dessus le rebord du bassin, dans l'espoir de découvrir quelle chose mystérieuse l'avait fait remonter à la surface, tout en devinant par avance, intuitivement, ce que c'était. Devant lui, la forme oblongue et lisse de Willy nageait d'un bord à l'autre du bassin, avec d'amples mouvements presque triomphants.

Alors, Jesse sut de façon certaine ce qui l'avait sauvé.

— Tu as quelque chose de spécial, petit. C'est pour ça que Willy ne t'a pas mangé tout cru.

La voix de Randolph parvenait aux oreilles de Jesse à travers les vapeurs d'une tasse de café brûlant. Jesse but une gorgée. Ses dents ne claquaient plus et ses doigts bleuis commençaient à retrouver leur couleur normale.

— Tu as le haut-sang, dit Randolph.

Jesse le regarda sans comprendre. Le contact de la couverture chaude et sèche qui l'enveloppait était agréable sur sa peau. Bien calé sur un divan confortable, il se sentait parfaitement à son aise dans la lumière feutrée de la petite maison de Randolph.

— Le quoi ? demanda-t-il en frissonnant.

— Le don des sorciers, répondit Randolph.

Jesse remarqua que son visage avait changé d'expression. Ses yeux, d'habitude si durs, si sévères, semblaient plus doux, presque bienveillants.

— Sûrement pas, répliqua Jesse en buvant une autre gorgée de café.

Randolph eut un sourire en coin.

— Alors, tu n'es qu'un petit visage pâle qui a eu de la chance. Ça te convient mieux comme ça ?

Jesse se pelotonna dans la couverture et contempla le totem miniature posé sur l'étagère. Il se leva et s'approcha de l'objet. Il y avait un visage gravé dessus, un visage qui lui rappelait celui de Randolph.

— Willy n'a rien contre moi, c'est tout, dit Jesse en haussant les épaules. Nous nous apprécions mutuellement.

— Vous vous appréciez ! Il t'a sauvé la vie !

— Willy est brave. Je ne sais pas pourquoi tout le monde lui en veut.

— Willy n'aime pas les intrus. Qu'est-ce que tu faisais là ?

Jesse s'accorda une nouvelle gorgée de café avant de répondre. Il regarda dans la tasse en cherchant une réplique bien sentie pour décontenancer Randolph. Mais il n'en trouva pas.

— Je lui disais au revoir, expliqua-t-il tristement. Ça m'embête de lui faire mes adieux.

Il prit le totem dans sa main et en observa les motifs complexes.

– Peut-être..., commença Randolph.

– Quoi ? demanda Jesse, plein d'espoir.

– C'est juste un vieux truc indien, répondit le régisseur. Les orques... Tu as déjà regardé les yeux de Willy ? Ces yeux-là ont découvert les étoiles quand l'homme n'était encore qu'une poussière sur cette planète. Ils peuvent lire dans l'âme des humains.

Jesse observa le visage de Randolph. Il y avait quelque chose de mystérieux dans son regard comme si ses pensées appartenaient à un autre monde. Jesse se demanda de quoi il parlait. Il avait espéré que Randolph ait la même idée que lui, à savoir que Willy avait besoin d'un ami et qu'il était, lui, Jesse, le garçon idéal pour remplir cette fonction. Mais, en y réfléchissant, pourquoi lui offrirait-on un boulot ? Tout le monde savait qu'il était indiscipliné. Après tout, il n'était ici que pour réparer des dégâts dont il était la cause. Peut-être que, s'il n'avait pas saccagé la salle panoramique de la sorte, il aurait pu solliciter un emploi pour s'occuper de Willy. Peut-être que, s'il avait été un gosse comme les autres, on l'aurait écouté, il aurait pu expliquer ce qu'il ressentait pour Willy. Alors, peut-être qu'on lui aurait donné une chance.

– Tu veux le garder ? demanda Randolph.

Jesse tenait le totem dans sa main. Il regarda les visages gravés sur le fétiche. Ils avaient tous des yeux féroces et des bouches sévères et courroucées.

Etaient-ils en colère contre lui ?

10

Il était minuit passé quand Randolph arrêta sa camionnette Volkswagen dans l'allée des Greenwood. Jesse était assis à côté de lui, silencieux, toujours enveloppé dans la couverture indienne.

— On dirait que tes parents ne sont pas encore couchés, dit Randolph en voyant la lumière allumée dans le living-room.

Glen Greenwood regarda par la fenêtre en entendant le moteur.

— C'est pas mes parents ! protesta Jesse.

Quand Randolph et Jesse descendirent de voiture, Glen et Annie accouraient déjà à leur rencontre. Ils avaient l'air soucieux et fatigués.

— Jesse, qu'est-ce qui s'est passé ? demanda Annie.

Le garçon remarqua qu'elle faisait un effort

pour masquer sa colère. Pourquoi ? se dit-il. Elle aurait toutes les raisons de me passer un savon.

— Je travaillais, répondit-il.

— Tu t'éclipses comme un voleur en pleine nuit pour aller nettoyer des graffiti ? fit Glen, incrédule. C'est un peu dur à avaler, comme explication.

Annie regarda les cheveux mouillés de Jesse.

— Tu es trempé, dit-elle.

— Je suis tombé dans le bassin.

— Le bassin de l'orque ?

Glen se tourna vers Randolph.

— Qu'est-ce que c'est que cette histoire ?

Randolph garda le silence. Jesse l'implora du regard. Un seul mot d'explication de sa part et il était sauvé. Mais Randolph ne semblait pas désireux de lui venir en aide.

— J'ai glissé, dit Jesse. C'était ma faute.

— C'est vrai ? demanda Glen.

Il avait un regard que Jesse avait souvent vu auparavant, chez d'autres parents d'accueil. Cela signifiait que, dès le lendemain, Jesse serait probablement obligé de faire ses bagages et que Mercer viendrait le chercher pour le ramener à l'Assistance.

C'est alors que Randolph intervint.

— Ecoutez-moi, commença-t-il. Je m'appelle Randolph. C'est moi qui surveillais Jesse au parc. Il a fait du bon boulot. Il a tout nettoyé, il nous a donné un solide coup de main, il s'est fait des amis. (Il posa la main sur l'épaule de Jesse.) Alors, voilà ce que je vous propose. On pourrait l'employer pour le reste de l'année, si vous n'y voyez pas d'inconvénient. Il aura un petit salaire. Qu'est-ce que vous en dites ?

Jesse écarquillait les yeux, stupéfait. C'était ce qu'il avait secrètement espéré. Exactement ce qu'il désirait.

– Oh, oui, oui ! fit-il. Je vous en prie, dites oui.

– Tu as enfin trouvé quelque chose qui te plaît, Jesse ? demanda Glen.

Jesse acquiesça avec une telle énergie qu'il faillit se démancher le cou.

Annie regarda Glen.

– Ça me paraît bien, dit-elle.

Glen soupira. Sa colère avait disparu.

– Bon, d'accord, répondit-il. Mais joue franc-jeu avec nous, Jesse. Si tu veux quelque chose, parle-nous. Tu crois que tu pourras faire ça ?

Jesse approuva d'un vigoureux hochement de tête. Quand il aurait besoin de quelque chose, il irait trouver les Greenwood, c'était promis. Au fond, ce n'était pas si difficile que ça. Tout lui paraissait plus facile, d'ailleurs, maintenant qu'il avait la possibilité de se rendre chaque jour au parc aquatique pour voir Willy.

– Tu gèles. Viens prendre une douche chaude, dit Annie en enlaçant Jesse.

En suivant Annie vers la maison, Jesse put entendre Glen remercier Randolph de l'avoir sorti du bassin.

– Il s'en est sorti lui-même, dit Randolph.

Randolph salua tout le monde et remonta dans sa camionnette. Moins on en dit, mieux ça vaut, pensa Jesse. Qui croirait son histoire, de toute façon ? Un garçon qui sympathise avec un orque ?

Et un orque qui partage son amitié ?

Le lendemain, Jesse enfourcha sa bicyclette et gagna le parc aquatique à toute allure. Il était impatient de voir Willy. Tout en sachant que l'animal ne pourrait pas comprendre, il s'apprêtait à lui expliquer que les Greenwood l'avaient autorisé à travailler pour Randolph. Cela signifiait qu'ils allaient se revoir tous les jours.

Mais, en approchant du pavillon de l'orque, il entendit la voix de Willy s'élever plaintivement de l'amphithéâtre. Sur le moment, il ne comprit pas ce que Willy essayait de dire mais, peu à peu, il acquit la certitude que son ami avait des ennuis.

Il sauta de son vélo, courut vers l'escalier et grimpa dans l'amphithéâtre. Là, il vit un groupe de personnes à contre-jour dans le soleil du matin, attroupées au bord du bassin.

Parmi elles, il y avait Rae. Elle se tenait à côté du gros homme qu'il avait vu l'autre jour. Il y avait également des gens en combinaison avec tout un attirail médical électronique.

Des vétérinaires ! se dit Jesse, pris de panique. Willy était malade !

Il se pencha par-dessus le rebord du bassin. Willy était coincé contre une des parois, entravé par un filet en épais cordage. Visiblement mal à l'aise, l'animal remuait sa massive nageoire caudale pour essayer de se dégager.

— Ecoutez, cet examen n'a aucun sens, disait Rae au gros homme, tandis que le vétérinaire remballait son équipement.

— C'est tout ce qu'on peut faire, répondit le gros.

Jesse se demanda de quoi ils parlaient. Qu'était-il arrivé à Willy ?

— C'est dangereux de le retenir avec ce filet, protesta Rae. On vous l'a dit trente-six fois.

Le gros se tourna vers le vétérinaire.

— Pouvez-vous finir l'examen maintenant ?

— Non, répondit le vétérinaire en s'en allant.

Jesse ne comprenait pas pourquoi le praticien ne pouvait pas finir son examen. Cela signifiait peut-être que Willy n'était pas malade, après tout.

— Dial et vous avez acheté un orque à un chasseur de baleines à la noix, reprit Rae. Willy était trop grand et trop vieux pour être capturé. Il n'est pas né pour faire le clown. Et puis, vous l'avez mis dans un bassin conçu pour un spectacle de dauphins. *Et tout seul !* Je ne peux pas faire de miracles.

— Nous vous payons pour le dresser, pas pour le psychanalyser, répondit l'autre.

— Vous ne m'aviez pas présenté les choses de cette manière quand j'ai signé !

Le gros fustigea Rae du regard.

— Vous êtes une professionnelle, oui ou non ? Alors, arrangez-vous pour que ça marche.

Jesse en conclut que Willy n'était pas malade. C'était la raison pour laquelle le vétérinaire était reparti. Le gros homme, qui paraissait très contrarié, voulait seulement savoir pourquoi le cétacé refusait de se produire en public. Rae le lui avait expliqué mais, de toute évidence, sa réponse ne lui convenait pas. Willy était malheureux, terriblement malheureux. Voilà pourquoi il boudait.

Jesse observa l'orque. Il avait envie de le libérer. Il étudia la situation. Le filet qui retenait l'animal captif était fixé au moyen d'un lourd crochet de fer. Peut-être que, s'il parvenait à atteindre ce crochet sans être vu...

Il s'en approcha lentement, mine de rien.

— Cet orque est un gouffre financier, disait le gros homme. Il va nous ruiner. Dial a été très clair avec moi : il n'est pas question de dépasser le budget.

— Ce n'est pas en faisant des économies de bouts de chandelle que vous arriverez à quelque chose, répliqua Rae. Il lui faut un bassin plus grand, comme Dial l'avait promis.

C'était la deuxième fois que Jesse entendait crier le nom de Dial. Qui est-ce ? se demanda-t-il en déambulant d'un air innocent. Personne ne faisait attention à lui. C'était le moment. Il se dirigea vers le crochet de fer.

Qui est ce Dial ? se demanda-t-il une fois de plus en regardant autour de lui pour s'assurer que personne n'avait repéré son manège. Ce devait être l'homme en costume cravate. Le patron. En tout cas, ce Dial ne lui plaisait pas.

– Vous refusez de comprendre ! lança le gros à Rae.

Jesse était parvenu au but. Il saisit le crochet de fer et commença à détacher le filet.

– Si cet épaulard attirait la clientèle, nous pourrions lui consacrer un budget plus important, continuait le gros homme. Mais, puisque ce n'est pas le cas, vous devez vous contenter de ce que vous avez !

Leur conversation fut interrompue par des éclats de voix. Tous les regards se tournèrent vers le bassin, d'où s'élevait une énorme gerbe d'écume. Willy s'était dégagé de ses entraves et nageait librement sous l'eau.

Jesse s'éclipsa en douce. L'effort qu'avait nécessité le décrochage du filet lui avait laissé les paumes en feu. A peine avait-il fait trois pas que Randolph le rattrapait.

— Je t'ai vu, dit-il.

Jesse se tourna vers Randolph et le regarda droit dans les yeux.

— Et alors ? rétorqua-t-il.

— Rien, répondit Randolph avec un petit sourire en coin. Je suis sûr que Willy t'en sera très reconnaissant.

11

Dial regardait le chariot élévateur décharger sa cargaison de poisson surgelé. En remplaçant le poisson frais par du surgelé, il économisait douze *cents* par demi-livre. Evidemment, les soi-disant professionnels qu'il avait engagés pour dresser Willy s'en plaignaient en affirmant que les produits surgelés n'offraient pas les qualités nutritives nécessaires à l'alimentation d'un orque. Sornettes ! Un orque n'est qu'un orque et il ne fait pas la différence. D'ailleurs, cet animal était une mauvaise affaire. Dial ne rentrerait jamais dans ses frais avec un lourdaud pareil, trop apathique pour attirer la foule. Comment rentabiliser son investissement dans ces conditions ?

Le soleil était haut dans le ciel et Dial épongea son crâne chauve. Où était Wade ? Il aurait dû être déjà arrivé.

Quelques minutes plus tard, Dial vit le gros homme qui revenait du bassin.

– Toujours la même histoire, dit l'obèse. L'épaulard continue à bouder. On perd de plus en plus d'argent et Rae voudrait encore qu'on agrandisse le bassin.

Dial n'en crut pas ses oreilles. Les exigences de ces dresseurs commençaient à l'exaspérer. Ne comprenaient-ils donc pas que la gestion d'un parc aquatique comportait des impératifs financiers ?

– Ben voyons ! fit Dial, moqueur. Pourquoi ne pas le loger au *Ritz-Carlton*, tant qu'on y est ? Je ferais passer ça en faux frais avec les cinq mille dollars que m'a coûté sa dernière prime d'assurance.

– Un orque rapporte plus mort que vivant, ironisa Wade.

– Exact. Et ils voudraient que je me fende encore de cent mille dollars pour agrandir le terrain de jeux de ce psychotique insatisfait ?

Wade devina que son patron regrettait d'avoir acheté Willy à ce pêcheur et ça le déprimait. Son boulot consistait à aider Dial. Il était là pour veiller au bon fonctionnement du parc et assurer sa rentabilité.

– Je déteste cet orque, dit Dial avec dégoût.

12

Le marché aux poissons battait son plein en fin d'après-midi. C'était l'heure à laquelle les gens, rentrant du travail, envahissaient l'arène pour remplir leur cabas de produits de la mer fraîchement pêchés. Il y avait aussi des touristes, attirés par le pittoresque de la scène. Les marchands en avaient conscience et s'employaient à ne pas les décevoir : certains lançaient le poisson dans des barils de bois en le projetant jusqu'à six mètres de haut.

Jesse transporta un paquet de poisson frais, humide et dégoulinant, à travers la foule des chalands et le déposa dans le panier de son vélo. Il avait consacré les cinq dollars que lui avait donnés Glen à cet achat, pour offrir un repas de fête à Willy. Maintenant, il était décidé à regagner le parc aquatique sans délai, avant que le poisson ne se gâte.

— Eh, Jess ! entendit-il au moment où il montait sur sa bicyclette.

Il se retourna et vit Perry se détacher d'un groupe de garçons de la rue, apparemment plus âgés que lui, pour venir à sa rencontre.

Perry l'observa des pieds à la tête.

— Des habits neufs, fit-il. Un nouveau job ?

— J'habite chez des gens, répondit Jesse sans plus de précision. (Il ne voulait pas en dire trop à Perry.)

— Eh, mec, qu'est-ce qui t'est arrivé, cette fameuse nuit ? J'ai vu que tu t'étais fait choper.

— Rien de grave. J'ai dû nettoyer nos dégâts. Je travaille là-bas, maintenant.

— Ils me recherchent ?

Jesse secoua la tête.

— Super, dit Perry avec soulagement.

Jesse jeta un œil vers les garçons de la rue qui attendaient Perry et les compara à son ami. Celui-ci leur ressemblait, il était toujours aussi maigre et semblait avoir faim.

— Où tu habites ? demanda Jesse.

— Dayton s'est occupé de moi.

Jesse avait déjà entendu le nom de Dayton quand il vagabondait. Dayton était un adulte à qui on pouvait s'adresser quand on avait besoin d'un job.

– Je bosse pour lui en ce moment, continua Perry. Je lui ai parlé de toi, mec. Tu veux que je te mette dans le coup ?

Jesse grimpa sur son vélo. L'odeur du poisson frais qu'il venait d'acheter le rappelait à son devoir. Il avait hâte de rentrer voir Willy. Non, il ne voulait pas être « mis dans le coup ».

– Je vais y réfléchir, dit-il pour ne pas offenser son vieux copain.

– Ne réfléchis pas trop longtemps, fit Perry en lui tendant sa paume ouverte.

Jesse lui tapa dans la main en guise de salut et s'en alla sur son vélo. Il traversa le marché aux poissons à toute allure en se faufilant entre les acheteurs. Il voulait s'éloigner de Perry au plus vite. Le fait de rencontrer son ancien camarade d'infortune avait réveillé en lui des sentiments qu'il croyait avoir oubliés. Il y avait longtemps qu'il n'avait vu cette expression de bête traquée sur le visage d'un adolescent, un visage affamé d'amitié autant que de nourriture, un visage solitaire, abandonné. Comme elle lui semblait lointaine, à présent, l'époque où il était obligé de fouiller dans les poubelles pour manger !

Jesse songea au poisson qu'il venait d'acheter pour Willy. Il aurait pu en donner à Perry. Après tout, il l'avait payé avec son propre argent. Mais cette nourriture était pour Willy. Car Willy aussi avait une tête d'affamé. Willy aussi était seul. Et, cependant, il y avait une différence : Willy ne cherchait à escroquer personne, contrairement à Perry. Il ne demandait qu'à être aimé. C'était une différence de taille, non ?

Tandis qu'il pénétrait dans le parc et se dirigeait vers le pavillon de l'orque, les pensées de Jesse allaient ainsi de Perry à Willy et de son ancienne à sa nouvelle vie. Mais ses états d'âme ne durèrent pas. Quand il arriva dans l'amphithéâtre et déballa son poisson en tas sur la plate-forme de dressage, il ne pensait déjà plus qu'à Willy et à sa joie de le voir se régaler de nourriture fraîche.

Jesse souleva un des poissons par la queue et le jeta dans le bassin en guettant l'apparition de Willy.

Rien.

Il attendit encore quelques secondes, sortit son harmonica et se mit à jouer son air habituel.

Toujours rien.

Il observa les yeux vitreux et morts des poissons qu'il avait apportés et se dit qu'il aurait peut-être mieux fait de les donner à Perry, après tout.

Soudain, un mouvement se produisit sous la plate-forme. Jesse reporta son attention vers le bassin. La forme sombre de Willy décrivit un cercle sous l'eau, puis émergea. Dans l'énorme gueule aux dents acérées de l'animal, on voyait pendre le poisson que Jesse avait jeté dans l'eau. Il était intact.

– Je croyais que tu aimais ça ! cria Jesse au géant.

Willy resta immobile, en tenant toujours le poisson dans sa gueule. Pourquoi ne le mange-t-il pas ? se demanda Jesse. Il est frais, pourtant. A moins que... à moins qu'il ne se soit gâté pendant le transport.

Peut-être qu'il ne sait pas quoi en faire, se dit Jesse. Bien sûr, ce doit être ça ! Il est tellement habitué à la mauvaise nourriture qu'il est désorienté quand on lui propose de bonnes choses.

Jesse se pencha par-dessus le bord de la plate-forme et prit le poisson dans la gueule de l'orque.

– Regarde, dit-il en laissant pendre le poisson au-dessus de sa propre bouche ouverte. Il faut le manger. Comme ça. Vu ?

Mais, bien que la démonstration fût très explicite, Willy ne fit aucun effort pour se rapprocher. Au contraire, il fila vers l'autre bord du bassin et y demeura, tranquille et placide.

Jesse étudia l'orque un instant. Il n'arrivait pas à comprendre pourquoi Willy refusait de manger le poisson qu'il lui avait lancé. Comment lui expliquer qu'il avait dépensé tout son argent de poche pour acheter ces poissons, qu'il avait fait ce sacrifice spécialement pour lui et qu'un de ses amis *humains* aurait été fort content de se les voir offrir à sa place ?

Il se mit debout sur la plate-forme, en tenant

toujours le poisson dans la main. Alors, il se rappela ce qu'avait fait Rae, la première fois qu'il l'avait vue, le jour où il avait commencé sa corvée de nettoyage dans la salle panoramique. Il se rappela la manière dont elle avait nourri ses phoques.

– Tu veux que je te les mette moi-même dans la bouche ? s'écria-t-il.

Il tenta sa chance et, se penchant par-dessus le bord de la plate-forme, brandit le poisson à bout de bras.

Willy s'ébroua et revint vers Jesse en ouvrant une large gueule. L'espace d'un instant, le garçon eut l'impression que l'animal lui souriait.

Dès que Willy fut assez près, Jesse lâcha le poisson, en s'efforçant de viser juste, afin que le mastodonte n'en manque pas une bouchée. Celui-ci l'avala goulûment et rouvrit aussitôt la gueule. Il en redemandait. Jesse ramassa presque tous les poissons qui lui restaient et les laissa tomber en une seule fois entre les énormes mâchoires de Willy, qui les dévora d'excellent appétit. En le voyant faire, Jesse se souvint de son premier dîner chaud chez les Greenwood. Quel festin ! Probablement le meilleur repas de sa vie.

A la réflexion, Annie Greenwood était une bonne cuisinière. C'était même un fameux cordon-bleu. Peut-être que ce ne serait pas une mauvaise idée de lui en faire le compliment, un de ces jours...

Il roula en boule le journal qui avait servi à emballer le poisson.

– A plus tard, Will, dit-il. Pour le moment, j'ai du travail.

Mais, juste avant de s'en retourner, il remarqua une lueur presque malicieuse dans l'œil de Willy, qui esquissa un bref mouvement.

Jesse sourit.

– Tu as du travail aussi ? demanda-t-il d'un ton badin. Quels sont tes projets pour la journée ?

En guise de réponse, Willy se tourna de côté et nagea latéralement, imitant le départ de Jesse. Etait-ce possible ? Jesse n'en croyait pas ses yeux. L'énorme créature était-elle réellement en train d'imiter ses mouvements ?

Il décida de faire un test. Il fit un pas vers la gauche en surveillant Willy du coin de l'œil.

Willy roula vers la droite !

Alors, il fit un pas vers la droite...

Et Willy roula vers la gauche !

Mais Jesse n'était pas encore certain que le cétacé répondît vraiment à ses mouvements. Pour en avoir le cœur net, il voulut faire quelque chose de plus compliqué.

Et il fit trois autres pas, mais en courant cette fois, vers la droite.

Willy roula trois fois !

C'est dingue, se dit Jesse. Ça marche !

Et tous deux continuèrent leur numéro. Quand

Jesse sautait, Willy sautait à son tour, à la manière d'un dauphin. Quand Jesse bondissait en pivotant sur lui-même, Willy se dressait à la verticale et pivotait pareillement. Quand Jesse faisait le poirier, Willy plongeait, tête la première, en exposant sa large queue à la surface.

Alors, Jesse fit un bond d'un mètre en arrière et Willy, jaillissant de l'eau, se laissa retomber sur le dos en soulevant une prodigieuse gerbe d'écume. Jesse, tout éclaboussé, s'aperçut tout à coup que Rae et Randolph se tenaient derrière lui. Tous deux regardaient avec émerveillement le manège de l'orque et de l'adolescent.

Rae remarqua le journal froissé et taché que Jesse avait encore dans la main.

— Tu arrives à lui donner à manger ? demanda-t-elle, pleine de perplexité.

Pour toute réponse, Jesse déplia le journal, qui contenait encore quelques poissons. Il en brandit un au-dessus de l'eau et attendit. Willy pointa le nez à la surface et happa le poisson au bout des doigts du garçon.

— Recommence, dit Rae, qui avait observé la scène avec une grande attention.

Jesse réitéra l'opération, puis regarda Rae. Pourquoi était-elle si étonnée ? C'était une professionnelle, non ? Ce genre de choses devait être une simple routine pour elle. Il lui tendit le journal en disant :

– Vous voulez essayer ?

Elle prit un poisson avec hésitation puis, s'approchant lentement du bord, le brandit timidement au-dessus de l'eau.

Willy s'écarta d'elle.

Jesse fut surpris. Il n'avait pas encore remarqué cette facette du caractère de Willy. Celui-ci n'avait pas agi par peur, mais bien par colère.

13

Plus tard dans la journée, Jesse apporta un seau de poissons à Rae, qui l'attendait devant le bassin des phoques. Il regarda attentivement comment elle s'y prenait pour leur donner à manger, afin de s'inspirer de sa technique pour sa prochaine séance avec Willy.

Il n'arrivait toujours pas à comprendre pourquoi celui-ci avait refusé la nourriture que Rae lui avait tendue. Quand ils eurent fini de nourrir les phoques, Rae lui rendit le seau. Comme elle n'avait pas dit grand-chose depuis son échec auprès de l'orque, il fut surpris de l'entendre revenir sur le sujet.

– Les choses ont mal commencé entre Willy et moi, expliqua-t-elle tandis qu'ils retournaient vers la remise. Il me prend pour « la méchante sorcière » à cause de tous les tests médicaux que nous avons dû lui faire subir.

En arrivant dans la remise, Jesse vida le seau de poissons dans un plus large récipient.

– Dans l'océan, continua Rae, les orques vivent en famille. Certains passent leur vie entière avec leur mère. Ils ne la quittent jamais.

– Jamais ? s'étonna Jesse.

– Leur structure sociale est importante pour eux. On a repéré un groupe de cinquante orques qui voyageaient ensemble. Certains restent constamment ensemble, leur vie durant.

Jesse essaya d'imaginer cinquante Willy nageant côte à côte au grand large.

– Vous les avez vus près d'ici ?

– Mon père était dans la marine. Il a fait des recherches au sonar avec des orques. Je l'accompagnais souvent en mer.

– Vous faites encore des recherches ? demanda Jesse en suivant Rae vers le vestiaire.

– Pas en ce moment. Je ne suis qu'une dresseuse. Mais j'ai envie de travailler sur l'océan. Je vais reprendre mes études pour préparer un doctorat en biologie marine.

– Mais, si vous partez, Willy sera tout seul.

– Tu sais, Charlie va à la fac aussi et...

– Qui c'est, Charlie ?

– Mon fiancé. Charlie.

Tandis que Rae ouvrait un casier et sortait son

équipement pour le spectacle de l'après-midi, Jesse la regarda avec déception. Il n'avait jamais imaginé la jolie dresseuse avec un fiancé. Non que ça l'ennuyât, mais... Qui sait ? Peut-être que ça l'ennuyait, au fond.

– Tu as une copine ? demanda Rae.

Jesse devint rouge comme une pivoine.

– Qu'est-ce qui vous fait croire que j'en veux une ?

Rae ne put s'empêcher de sourire.

– Rien. Une idée comme ça, fit-elle.

Jesse détourna les yeux et chercha à changer de conversation. Il remarqua une carte sur le mur. On y voyait toutes sortes de lignes et de chiffres. Ça ressemblait à une carte de l'océan. En bas, il y avait des illustrations représentant des cétacés de différentes tailles, avec une légende répertoriant leurs caractéristiques. L'une des illustrations était entourée d'un cercle et portait le mot WILLY au feutre rouge.

– C'est pas lui, dit Jesse, dubitatif.

– Bien sûr que si, répondit-elle en prenant une espèce de petite perche dans son casier.

– L'aileron de Willy retombe sur le côté.

– Ça arrive souvent en captivité.

– Pourquoi ?

– Personne ne le sait. Peut-être qu'ils ont besoin de plus d'espace pour nager.

– Pourquoi M. Dial ne lui construit pas un plus grand bassin ?

– Dial pense qu'on peut traiter un animal sauvage comme une marchandise, répondit Rae avec une rage contenue.

– Une marchandise ? Qu'est-ce que vous voulez dire ?

– Eh bien, Dial ne s'intéresse qu'au profit. Il n'acceptera d'agrandir le bassin de Willy que s'il estime la chose rentable, c'est-à-dire s'il pense que ça permettra à Willy de lui rapporter plus d'argent.

Rae regarda Jesse d'un air songeur, comme si elle venait d'avoir une idée.

– Peut-être que tu pourrais nous y aider, au fait. Tu serais d'accord ?

Jesse ne savait pas exactement ce qu'elle avait en tête, mais quelque chose lui disait que c'était pour le bien de Willy.

– Bien sûr, répondit-il.

L'idée de Rae était simple : elle pensait que Jesse pouvait l'aider à dresser Willy. Et Jesse était enchanté. Il était évident qu'il avait un talent particulier pour communiquer avec l'orque et il était heureux de mettre ce don à profit pour améliorer les conditions de vie de son gigantesque nouvel ami. Si Willy acceptait de se produire en public,

Dial serait sans doute mieux disposé à son égard : il envisagerait peut-être enfin de lui installer un plus grand bassin et de lui acheter du poisson frais.

En montant sur son vélo, le soir, pour rentrer à la maison, Jesse se demanda pourquoi l'énorme cétacé s'était pris de sympathie pour lui. Il était certain que c'était en rapport avec le fait d'être incompris. Willy était censé être un tueur, mais c'était faux : il avait seulement peur et s'ennuyait de sa famille. Jesse avait plus d'une fois éprouvé le même sentiment. Après tout, n'était-il censé être un mauvais garçon ? N'était-ce pas ce que la plupart des gens pensaient de lui ?

Cependant, l'explication ne le satisfaisait pas entièrement. Il y avait quelque chose d'autre entre Willy et lui, quelque chose qu'il ne parvenait pas à exprimer avec des mots. Absorbé par ces réflexions, il se trompa de chemin dans le parc mal éclairé. Au lieu de se diriger vers la sortie, il s'approchait de la petite maison de Randolph.

Etait-ce vraiment un hasard ? Etait-ce vraiment son étourderie qui avait dévié sa route ? Il avait l'impression d'avoir été poussé dans cette direction, comme si la réponse à ses questions se trouvait là.

Il s'arrêta devant la maison et, après quelques hésitations, décida d'entrer pour interroger Randolph.

Randolph prit un livre sur une table. La plupart de ses livres étaient entassés sur des rayonnages, empilés contre des meubles ou amoncelés pêle-mêle dans des coins. Mais celui-ci était posé seul sur la table, séparé des autres.

Il le tendit à Jesse.

– Qu'est-ce que c'est ? demanda le garçon.

Le livre avait une grosse reliure en cuir. Il avait l'air vieux. Antique. Sur la couverture, on pouvait voir des dessins indiens gravés.

– C'est mon père qui me l'a donné, dit-il. C'est haïda.

– Quoi ?

– Haïda. C'est ma tribu. Il y a trois cents ans, les eaux d'ici étaient très poissonneuses. Mes ancêtres ne pêchaient qu'une fois par semaine. C'était suffisant pour nourrir toute la tribu. Et ils mangeaient comme des princes.

– Qu'est-ce qu'ils faisaient le reste du temps ? dit Jesse avec un sourire moqueur.

– Ils peignaient, ils faisaient de la musique, ils racontaient des histoires, répondit Randolph avec sérieux.

Jesse réprima son sourire et continua à feuilleter les pages du vieux livre. Ses yeux tombèrent sur un croquis représentant un orque.

– Skaana, dit Randolph avec une sorte de solennité dans la voix.

– Qu'est-ce que ça veut dire ?

– Orque en haïda.

Randolph prit le livre des mains de Jesse et tourna les pages. Il y avait d'autres croquis : un paysage marin, une île, un rivage rocheux, des canoës. Quand il eut trouvé la page qu'il cherchait, il se mit à lire :

Natsalane était un Indien haïda qui vivait il y a bien longtemps, à une époque où les orques n'existaient pas. Un jour, tandis qu'il pêchait avec les autres guerriers, Natsalane s'égara et se retrouva tout seul.

Une terrible tempête éclata. Natsalane ne trouvait pas d'abri. Mais bientôt les loutres apparurent et l'emmenèrent sous la mer, où il put passer la nuit.

Après la tempête, Natsalane partit à la recherche des autres guerriers, mais il ne trouva qu'un énorme rondin de bois.

Il sculpta une grande bête dans le rondin et essaya de l'emporter vers l'océan. Il finit par atteindre une étendue d'eau, mais ce n'était pas l'océan. La sculpture tomba au fond de l'eau et disparut. Alors, Natsalane dit une prière qu'il n'avait encore jamais entendue : « Salanaa Eiyung Ayesis. »

Jesse écouta attentivement le récit de Randolph. Le mystère et la magie de cette légende indienne le captivaient. Peu à peu, il s'identifiait au jeune Indien de l'histoire. Et il imaginait que la « grande bête » sculptée dans le rondin par Natsalane était Willy. Et l'étendue d'eau était le bassin du parc aquatique.

Il avait le sentiment que cette légende s'adressait spécialement à lui. Non seulement à lui, mais également à Willy.

14

Assis sur son lit, Jesse racontait l'histoire de Natsalane à Annie Greenwood en faisant de grands gestes.

– Alors, Natsalane reste là à attendre, disait-il en recomposant le récit avec ses propres mots. Et il récite cette prière. Une prière bizarre, qu'il n'a jamais apprise. *Salanaa Eiyung Ayesis*. Et alors, toute l'eau se met à jaillir de la mare et s'envole.

Jesse voyait qu'Annie était aussi fascinée que lui par cette histoire. Du moins, c'était l'impression qu'elle donnait. Il tournait rapidement les pages du vieux livre que Randolph lui avait confié, pour illustrer son récit avec les images correspondantes.

– Alors, la sculpture remonte à la surface et reste suspendue dans les airs. (Il montra une image représentant un jeune Indien chevauchant un orque sur une double page.) Mais elle est devenue un orque. Comme Willy. Et elle se met à voler comme un oiseau en direction de l'océan. Et Natsalane est transporté comme ça jusque chez lui. C'est génial, non ?

Annie regarda Jesse avec une expression affectueuse. Jesse le sentit. Il sentit que cette affection lui était destinée et cela lui fit chaud au cœur. Mais, peut-être par peur de se laisser attendrir et d'avouer ses sentiments, il détourna les yeux.

– Bonne nuit, Jesse, dit-elle.

Sa voix était aussi affectueuse que son regard. Il fut touché de voir qu'elle ne lui en voulait pas de s'être détourné d'elle.

– Bonne nuit, répondit-il.

Il posa le livre sur sa table de nuit, à côté du radioréveil et du totem que Randolph lui avait offert quelques jours auparavant, puis il s'étendit dans son lit et ferma les yeux.

Annie tira la couverture sur lui. Il pouvait sentir son parfum. Une bonne odeur fraîche, propre, naturelle. Puis, elle le laissa. Mais, comme le parfum flottait encore dans l'air, Jesse comprit qu'Annie n'était pas sortie de la pièce. Debout devant la porte, elle le regardait. Ce fut la dernière chose dont il eut conscience avant de se laisser envahir par le sommeil.

15

Le lendemain, Jesse entra officiellement dans ses nouvelles fonctions de dresseur assistant. Cela signifiait qu'il allait passer le plus clair de son temps à apprendre les diverses techniques en usage pour inciter Willy à se produire en public.

Vêtu d'un short trop grand et de bottines en caoutchouc, Jesse fut d'abord chargé de laisser pendre une longue perche avec une cible rouge au-dessus de l'eau. Cette cible était destinée à attirer l'attention de Willy. Chaque fois qu'il répondait à « l'appel », Rae soufflait dans son sifflet. Alors, Jesse lançait un poisson à Willy pour le récompenser.

– La plupart des orques sont joueurs, expliqua Rae. Ils aiment la stimulation.

A présent, Willy était sous l'eau et invisible.

– Il peut me voir ? demanda Jesse.

— Te voir et t'entendre. De n'importe quel point du bassin.

Jesse fit passer la cible d'un bord à l'autre. Willy émergea et la suivit. A nouveau, Rae souffla dans son sifflet et, à nouveau, Jesse lança un petit poisson à Willy. Le même manège se répéta ainsi une bonne dizaine de fois.

Rae expliqua à Jesse que les orques aimaient être touchés et elle l'encouragea à caresser Willy sur le museau chaque fois que c'était possible.

— Ils apprécient même qu'on leur caresse la langue, ajouta-t-elle.

— Vous voulez que je mette les mains dans sa gueule ? fit Jesse, ébahi.

— Mais oui. Petit à petit, il faudra que tu y arrives. Quand tu auras appris à mieux le connaître, tu en seras capable.

Les jours suivants, Jesse fit la navette entre la confortable maison des Greenwood et le bassin de l'orque. Et, outre les techniques spécifiques que lui enseigna Rae, il apprit à développer une méthode personnelle de communication avec Willy.

Il prit l'habitude de devancer le sifflet de Rae en poussant une espèce de cri de loup, qu'il émettait en soufflant entre ses doigts. Willy aimait ce cri. Il y réagissait beaucoup plus vite et avec beaucoup plus d'enthousiasme qu'au sifflet.

Un jour qu'il regardait Willy folâtrer joyeusement autour du bassin, après lui avoir donné sa ration de poisson frais, il sauta dans l'eau et se mit à nager à côté de lui. Bientôt, les deux amis s'amusèrent à faire la course d'un bord à l'autre.

Plus tard, Jesse confectionna une guirlande avec des bouteilles en plastique liées l'une à l'autre. Il la lança dans l'eau et Willy la lui rapporta, comme un chien, dans son énorme gueule.

Jesse était fier de lui. Il avait fait de gros progrès depuis que Rae avait commencé à lui enseigner le dressage. Mais avait-il déjà acquis assez d'expérience pour introduire la main dans la gueule de l'orque ? Le seul moyen de le savoir, c'était d'essayer.

Lentement, il étendit le bras au-dessus de la plate-forme. Le bout de ses doigts picotait. Willy ouvrit ses mâchoires. On eût dit qu'il souriait. Il avait de grosses dents coniques, derrière lesquelles apparaissait une massive langue rose. La main de Jesse semblait bien petite pour s'aventurer dans cet antre. Mais, faisant appel à son courage, il se risqua à toucher la surface rugueuse de la langue du mammifère géant.

Au début, manquant d'assurance, il faillit retirer sa main. On n'est jamais trop prudent et il n'était pas certain que Willy comprît ce qu'il essayait de faire. Un coup de dents était vite arrivé.

Mais Willy ne referma pas la bouche. Jesse se mit à lui palper la langue, délicatement d'abord et du bout des doigts, puis avec de franches caresses.

Il observa la tête de Willy avec perplexité pour essayer de deviner si l'animal appréciait ou non ce qu'il faisait.

Willy semblait fondre de plaisir. Jesse en eut tout à coup la certitude. Son monumental ami adorait ça. Il l'avait lu dans ses yeux.

Ce soir-là, en pédalant en direction du garage de Glen Greenwood, Jesse songea aux changements qui étaient intervenus dans sa vie. Quelques semaines plus tôt, il vagabondait encore dans les rues en compagnie d'une bande d'adolescents affamés et sans toit. A présent, il avait un job qui lui plaisait et gagnait son propre argent de poche. Chaque soir, un dîner préparé spécialement pour lui l'attendait dans un foyer accueillant. Oh, bien sûr, ce n'était pas vraiment chez lui, mais les Greenwood s'employaient à le lui faire oublier. Si les choses continuaient comme ça, il pourrait même se retrouver dans une école, avec des gars de son âge, à la rentrée.

Et puis, il y avait Willy. S'il avait eu quelques doutes au début, ceux-ci étaient définitivement dissipés : Willy était son ami. Cette amitié était quelque chose de spécial, quelque chose d'unique, qui ne pouvait arriver qu'à lui, Jesse. Et, pour la première fois de sa vie, Jesse eut l'impression d'être quelqu'un de très spécial.

En entrant dans l'allée du garage, il remarqua que le bureau de Glen était encore allumé. L'établissement Greenwood restait ouvert très tard. Jesse n'était encore jamais venu au garage. Il avait toujours eu peur de gêner.

Annie lui avait confié un panier-repas enveloppé dans de l'aluminium en lui demandant de l'apporter à Glen. Il croisa plusieurs ouvriers en bleu de travail qui s'affairaient sous deux voitures hissées sur des ponts. Quand il arriva au bureau, Glen était en conversation téléphonique. Il attendit qu'il ait terminé.

Pour patienter, il inspecta les lieux alentour. Son attention fut attirée par la photo d'une T-bird décapotable de 1950, fixée à un petit trophée exposé sur une étagère. Il y avait plusieurs autres images d'automobiles anciennes à côté, ainsi qu'un portrait d'Annie.

– Qu'est-ce qu'il y a, Jesse ? demanda Glen en voilant d'une main le micro du téléphone.

Jesse lui tendit le panier-repas et reporta son attention sur le trophée. Quelques secondes plus tard, Glen raccrocha et mangea une bouchée.

– Belle bagnole, dit Jesse en observant la photo.

– Mouais, répondit Glen en continuant à manger.

L'adolescent repéra une photo d'Annie et de Glen.

– Vous ne vous disputez jamais, Annie et vous ?

— Si, bien sûr. Une fois tous les deux mois, plaisanta Glen. Pourquoi ?

Jesse haussa les épaules.

— Oh, comme ça, juste pour savoir, fit-il.

Puis il remarqua un portrait plus ancien. Un garçon et une femme. Le garçon avait un air de ressemblance avec Glen. La femme aussi.

— Ma mère et moi, dit Glen. Il y a longtemps.

Jesse contempla la photo d'un air songeur et triste.

— Où elle est, maintenant ? demanda-t-il.

Glen hésita à répondre, puis expliqua qu'elle était morte depuis deux ans. Jesse fut désolé pour lui. Il savait ce que c'était que de ne plus avoir sa mère à ses côtés. Une mère était quelqu'un d'irremplaçable, quelqu'un qui était toujours là pour vous écouter et qui vous considérait comme la personne la plus importante du monde. Il avait beaucoup de peine pour Glen. Sa mère à lui, au moins, était toujours vivante. Un jour, elle lui reviendrait.

— Ma mère va bientôt venir me chercher, dit-il en gardant les yeux fixés sur la photo du jeune Glen.

— Ah bon ?

— Ouais. Très bientôt.

— Mais ils m'ont dit qu'elle...

— Vous ne me croyez pas ? répliqua Jesse, rageur, avec un regard incendiaire.

Il s'efforçait de paraître sûr de lui, péremptoire,

mais Glen ne fut pas dupe : il y avait dans sa voix un fond de désespoir qui ne trompait pas.

– C'est-à-dire que... enfin, il m'avait semblé..., balbutia Glen, mal à l'aise.

Il ignorait si le garçon connaissait toute la vérité sur sa mère et craignait de le froisser. Mercer lui avait en effet clairement laissé entendre qu'elle ne reviendrait jamais chercher son fils.

– Je me fous pas mal de ce qu'ils disent ! s'écria Jesse. (Il était dans une colère noire.) Ils savent rien !

– D'accord, d'accord...

– Elle a quelques affaires à régler et, quand elle aura fini, elle reviendra !

A ces mots, Jesse pivota sur ses talons et sortit du bureau en coup de vent. Glen hésita, puis courut derrière lui. Il ne put jamais le rattraper. Il arriva juste à temps pour voir l'adolescent s'éloigner à toute allure, penché sur le guidon de sa bicyclette.

16

Il pleuvait depuis plusieurs heures. Jesse aurait pu rentrer à la maison plus tôt, mais les trombes d'eau qui n'en finissaient pas de tomber le retenaient prisonnier de la salle de jeux vidéo où il était venu s'isoler.

Drôle d'endroit pour s'isoler, se dit-il. Les sonorités électroniques des jeux qui l'entouraient résonnaient dans son crâne comme une mauvaise querelle sans fin. Il était venu là pour être entouré de garçons et de filles de son âge, mais il était très tard – minuit passé – et la plupart des adolescents qui hantaient la salle étaient plus vieux que lui. C'étaient des durs : blouson de cuir et cigarette au coin des lèvres. Ils lui rappelaient un peu Perry et Gwennie.

Il regarda par une fenêtre. La pluie diminuait. Il observa de nouveau les ados disséminés dans la salle. Certains étaient penchés sur des jeux vidéo, d'autres formaient des groupes dans des coins, avec des airs de caïds. Mais c'étaient de faux durs. Jesse en était convaincu. Nombre d'entre eux avaient des habits neufs et à la dernière mode. Ces gars-là ont sûrement de l'argent, pensa-t-il. Ils ont sûrement des parents. Ils ont sûrement un foyer où ils peuvent se réfugier quand il fait un temps de chien comme ce soir.

Moi, si j'avais un foyer, se dit-il, je ne gaspillerais pas mon argent en jeux vidéo.

Il songea à la maison des Greenwood, à la bonne cuisine d'Annie, au dîner qu'elle avait emballé dans du papier d'aluminium pour Glen. Il songea à la chaleureuse lueur de la lampe de chevet, près de son lit. Et, soudain, il eut envie de se glisser dans ce lit et de se pelotonner sous les couvertures en lisant le livre que Randolph lui avait donné, ce beau livre aux riches couleurs et à la superbe reliure de cuir.

Tant pis s'il pleuvait. Il avait envie de rentrer à la maison.

En franchissant la porte, Jesse remarqua qu'Annie avait le visage soucieux. Elle était debout dans le living-room, à côté de Glen, qui avait les cheveux mouillés. Jesse comprit que le mécanicien avait dû le chercher dans la nuit et sous la pluie.

– Jesse, où étais-tu ? demanda Annie. (Elle fit un pas vers lui, puis hésita :) On était morts d'inquiétude.

– Tu n'étais pas au parc aquatique, dit Glen d'un ton sévère, en serrant les dents. Tu nous avais promis de nous tenir toujours au courant de l'endroit où tu te trouvais, il me semble.

– Aucune importance, répondit Jesse en se dirigeant vers l'escalier.

– Comment ça, aucune importance ? s'écria Glen.

Jesse s'arrêta et fit face aux Greenwood.

– Aucune importance, rétorqua-t-il. Vous voulez me renvoyer ? Allez-y. Je m'en fiche. Que je vive ici ou dans la rue, c'est pareil. Je suis toujours prêt à déménager.

Il monta l'escalier en courant et s'enferma dans sa chambre. Couché sur son lit, il se demanda ce qui lui avait pris de revenir. S'était-il imaginé que les Greenwood se réjouiraient de le voir ? Avait-il vraiment cru qu'ils lui pardonneraient son escapade ? Bien sûr que non. Ils étaient semblables à tous les autres adultes qu'il connaissait et qui n'acceptaient de s'intéresser à lui que dans la mesure où il se pliait strictement à leurs règles.

Alors, pourquoi était-il revenu ? A quoi bon ?

En se tournant sur le côté, il aperçut, sur une

des étagères surplombant son bureau, le cadeau qu'il avait trouvé sur son lit le jour de son arrivée. Le paquet était toujours là, intact.

Il le prit et déchira l'emballage. A l'intérieur de la boîte, il y avait une balle de base-ball blanche flambant neuve. Il la soupesa dans sa main. De la belle qualité.

Mais il y avait quelque chose d'autre dans la boîte : un bout de papier avec le logo du Garage Greenwood imprimé sur l'en-tête. Il le déplia et lut les mots : BIENVENUE DANS NOTRE FAMILLE. L'écriture était celle de Glen.

Alors, Jesse entendit des éclats de voix qui provenaient d'en bas.

— On n'en finira jamais ! criait Glen. A force de chercher des excuses et des explications pour tout, tu nous entraînes dans une chute sans fin.

— Il a peur, répondit Annie. C'est pourquoi il nous repousse.

— J'ai bien envie de le repousser, moi aussi. De le repousser dehors.

Jesse serra la balle dans sa main et alla se poster sur le palier, pour ne pas perdre un mot de ce que les Greenwood disaient de lui.

— Tu sais la vraie raison de ta colère ? reprit Annie.

— Non, c'est quoi, la *vraie* raison ? demanda Glen sans aménité.

– Tu as de l'affection pour lui. Et ça t'effraie. Tu n'aimes pas ça.

– Nous ne devons rien à personne. Nous avons essayé. Nous avons fait notre possible. On ne peut pas nous en demander plus. Ne déforme pas le problème, Annie. N'en fais pas une de tes croisades sociales.

– D'accord, d'accord. Peut-être que j'en fais une « croisade », comme tu dis. Et alors ? Je suis comme ça.

– Annie, Annie, je t'en prie, fit Glen en s'amadouant. Je suis heureux comme nous sommes. Rien que toi et moi.

– Eh bien, tant mieux pour toi. Mais, moi, ça ne me suffit pas.

– C'est bon. Si tu tiens tellement à avoir un enfant, allons-y, adoptons un nouveau-né.

Jesse serra le poing. Il en avait assez entendu. Ces gens ne savent pas ce qu'ils veulent, se dit-il. Et j'en ai marre d'être ballotté d'un camp à l'autre comme cette balle de base-ball.

Il retourna dans sa chambre avec l'envie de casser quelque chose. Il arma son bras et lança la balle à toute volée contre la fenêtre. La vitre se brisa dans un grand bruit.

Quelques secondes après le fracas, Annie et Glen étaient devant sa porte. On voyait une grande cassure dans la vitre derrière le rideau et Jesse était couché à plat ventre sur son lit. Annie se précipita vers lui.

– Jesse, tu n'as rien ? demanda-t-elle en vérifiant qu'il n'avait pas de coupures sur les bras ou sur le visage.

– Non, répondit Jesse en s'asseyant. J'ai seulement eu la trouille.

– La trouille de quoi ?

Il détourna les yeux.

– Je sais pas, commença-t-il. Je vous ai entendus vous disputer et j'ai eu peur.

Il y eut un long silence. Annie et Glen se regardèrent.

– Jesse, nous voudrions que ça marche bien entre nous, dit Annie.

– Ouais, je crois que je comprends.

Il était gêné. Un instant plus tôt, il était prêt à s'enfuir de chez les Greenwood, convaincu qu'ils ne valaient pas mieux que les autres et qu'ils n'avaient qu'une idée en tête : se débarrasser de lui. Et pourtant... Au moindre signe de chagrin, ils accouraient vers lui pour le consoler, ils étaient à ses côtés. Et ce n'était pas la première fois qu'il le constatait. Il se rappela sa conversation avec Glen, une semaine auparavant, dans la cour. Le gant de base-ball. Les cinq dollars.

Glen n'avait déjà plus l'air fâché.

– On dirait que tu as enfin déballé ton cadeau

de bienvenue, fit-il avec un petit sourire en s'approchant de la vitre cassée.

Jesse ne put s'empêcher de sourire également.

— Ouais, répondit-il. Merci.

Après cela, ni Jesse ni les Greenwood ne firent allusion aux événements de la soirée. Les Greenwood ne parlèrent même pas de la vitre brisée. Glen se contenta de dire, le lendemain, qu'il faudrait aller récupérer la balle en espérant qu'elle n'avait pas endommagé les pétunias de la voisine, Mme Latimer.

Cette nuit-là, blotti entre ses draps, Jesse se sentit parfaitement bien, parfaitement en sécurité. Pourquoi ? se demanda-t-il. Cette sensation de bien-être n'était-elle pas étrange après ce qui venait de se passer ? N'avait-il pas entendu Glen dire à Annie qu'il avait envie de le pousser dehors ?

Il rit intérieurement. Il savait que Glen ne pensait pas ce qu'il disait. Un homme comme lui ne pouvait pas être méchant. Les preuves de sa bienveillance étaient multiples : le gant de base-ball, la balle neuve, l'argent de poche... Plus il y réfléchissait et plus Jesse se sentait chez lui, dans cette maison.

Oui, chez lui. Il était ici chez lui.

17

Cela lui coûta la totalité de son argent de poche de la semaine, mais Jesse acheta le saumon tout de même. Willy méritait bien ça, d'une part parce qu'il avait montré beaucoup d'application à l'entraînement et, d'autre part, parce qu'il allait se produire en public avec Jesse pour la première fois cet après-midi et qu'il devait être en bonne condition.

Et puis, pensa Willy en brandissant le gros poisson au-dessus du bassin, les petits cadeaux entretiennent l'amitié.

Comme s'il avait entendu ses pensées, Willy apparut à la surface, la gueule largement ouverte. Jesse lâcha le saumon et regarda son ami manger. Ça faisait plaisir à voir.

Il ne se rendit pas compte que Perry venait de le rejoindre sur la plate-forme. Il n'en prit conscience qu'en recevant une grande tape dans le dos, qui faillit le déséquilibrer.

Il remarqua tout de suite que Perry avait changé. Il paraissait plus vieux. Il portait de nouveaux habits, plus stylés, et une chaîne en or assez tape-à-l'œil autour du cou. Mais ce n'était pas tout. Il y avait aussi son teint. Il était pâle comme un linge. C'était à croire qu'il n'avait pas vu le soleil depuis une éternité, alors que Jesse, qui passait toutes ses journées en plein air, avait eu largement le temps de bronzer depuis la dernière fois qu'ils s'étaient vus.

Il y avait cependant quelque chose qui n'avait pas changé chez Perry. Ses yeux. Ils étaient toujours aussi cernés, aussi hagards.

Les deux garçons échangèrent leur salut habituel, mais l'esprit de Perry semblait accaparé par Willy, qui était en train de finir son déjeuner princier.

– Qu'est-ce que c'est ? demanda-t-il avec cet air stupéfait qu'avaient tous ceux qui voyaient Willy pour la première fois.

– Un orque, répondit Jesse.

– Impressionnant !

– Tu peux le dire.

Perry alluma une cigarette et exhala une grosse bouffée de fumée.

– Je m'en vais, mec, annonça-t-il. D'abord

Sacramento, puis L.A. Dayton et moi, on est... associés.

Long silence. Jesse ne savait pas quoi dire. Il aurait bien voulu essayer de détourner Perry de Dayton, mais comment faire ? Pour lui, c'était facile, il avait eu de la chance. Il avait Willy. Mais Perry, qu'avait-il, lui ? Moins que rien.

– Tu peux nous accompagner, si tu veux, proposa Perry.

– Non, répondit Jesse en regardant le soleil se refléter sur le bassin. En ce moment, c'est impossible.

– Allez ! C'est un coup en or ! On va être riches.

Jesse resta muet. Il se contenta de scruter la surface de l'eau, à la recherche de Willy. Il pensait déjà à son spectacle.

– Bon, eh bien, tant pis pour toi, fit Perry en lui glissant quelque chose dans la main.

Jesse regarda ce que c'était : une carte postale montrant des filles en bikini en train de faire du surf près de la plage.

– C'est là qu'on va, mec, expliqua Perry. Si tu changes d'avis, fais-moi signe.

Et il s'en alla.

Jesse observa la carte postale. Du toc, se dit-il. Tout ça, c'est artificiel. Des filles artificielles, une plage artificielle. Il se tourna vers le bassin. Willy poussait de petits cris et bondissait pour rappeler sa présence à son ami. Jesse se pencha par-dessus le bord de la plate-forme et lui caressa la tête.

— Tu t'ennuies de ta famille, hein, Willy ? (L'orque remua la tête, comme pour dire oui.) Ma maman a des problèmes. Elle ne pouvait plus s'occuper de moi. Elle ne pouvait même pas s'occuper d'elle-même. Je ne l'ai plus revue depuis ma petite enfance. Mais elle me manque toujours. Les Greenwood sont sympa. Mais c'est dur, tu sais. Je suis pas toujours à l'aise avec eux. Mais c'est comme ça, qu'est-ce tu veux ? Ça aurait pu être pire. Vraiment. Tu me comprends ?

Comme s'il avait voulu faire quelque chose pour consoler Jesse, Willy se mit à pousser d'autres petits cris. Le garçon sourit. Willy essayait de parler. Alors, Jesse sortit son harmonica et joua l'air que Willy aimait bien. C'était une manière de converser.

Puis Willy approcha son museau de la plate-forme et Jesse caressa son aileron, avec beaucoup de naturel, comme on caresse un chat. Tout à coup, Willy souleva son énorme corps, avec une telle force que Jesse dut s'agripper à l'aileron pour ne pas être projeté dans l'eau. Et c'est ainsi qu'il se retrouva sur le dos du cétacé, qui s'écarta du bord en entraînant Jesse vers le centre du bassin.

Jesse s'accrocha fermement à la grande nageoire dorsale et se laissa glisser sur l'eau. Il se sentait en parfaite sécurité sur le dos de Willy. Il savait que son ami nageait avec précaution pour ne pas renverser son cavalier. Puis, comme s'il avait deviné les pensées de la colossale créature, il inspira profondément et retint sa respiration. Il serra l'aileron et Willy plongea.

Jesse garda les yeux ouverts sous l'eau. Il ne voulait rien perdre de cette incroyable aventure. Les sons extérieurs étaient assourdis et il avait l'impression de chevaucher un grand missile ultrarapide.

Bientôt, Willy refit surface, juste assez longtemps pour permettre à Jesse de reprendre son souffle. Jesse se prenait pour un cow-boy à califourchon sur un cheval sauvage. Et Willy replongea. Il était impossible de dire lequel guidait l'autre. Ils semblaient se diriger d'instinct, se comprendre sans se parler et savoir spontanément où ils voulaient aller, comme s'ils ne formaient plus qu'une seule et même créature.

Le soleil disparaissait derrière un rideau de nuages et un vent soufflait de la mer. Le fond de l'air commençait à fraîchir.

Rae avait vu Dial et Wade à l'entrée du parc. C'était le grand jour, la répétition générale du spectacle de Willy. Si Willy ne se montrait pas à la hauteur de leurs espérances, le pire était à craindre.

Rae se rendit dans la salle des dresseurs et trouva Jesse en train de préparer son sifflet et un ballon de plage.

– Ils sont là, lui dit-elle. Prêt ?

– Prêt.

Et il la suivit dans l'amphithéâtre.

Quand ils arrivèrent, Dial et Wade étaient en train de s'installer dans les gradins. Ils rappelaient un peu à Jesse les gardiens du foyer dans lequel il avait vécu : toujours à guetter la moindre faute pour le plaisir de pouvoir infliger une punition à quelqu'un.

Il essaya de chasser ces pensées importunes de son esprit pour se concentrer sur le moment présent et sur ce qu'il avait à faire. Il n'était plus à l'Assistance, il était ici, avec Willy. Ils formaient une équipe. Ils étaient solidaires et ils n'avaient pas l'intention de se laisser faire par Wade et Dial.

Il inspecta le bassin. Willy, qu'on venait de libérer de son enclos, était déjà en position, attentif.

– Veux-tu faire quelques tours ? lui demanda Jesse.

Willy s'agita d'avant en arrière pour répondre oui et aspergea Jesse avec son évent.

– Eh là, Willy ! Ne m'éclabousse pas ! Eclabousse plutôt les autres.

Jesse fit un geste de la main et Willy se mit à nager tout autour du bassin en soufflant.

— C'était génial, Willy ! s'exclama Jesse. Qu'est-ce que tu en penses ?

Willy répondit par une série de cris aigus, qui provoquèrent quelques pouffements réjouis dans les gradins.

— Maintenant, la nage sur le dos, Jesse, chuchota Rae, qui supervisait le numéro.

Jesse leva la main et donna un signal à Willy. Aussitôt, celui-ci bascula sur le dos et fit le tour du bassin dans cette position en battant l'eau avec sa queue. Quand il eut fini, il revint vers la plate-forme où Jesse l'attendait avec un petit poisson pour récompense.

Après avoir lâché la friandise dans l'énorme gueule de l'orque, Jesse fit un autre geste de la main. Comprenant ce nouveau signal, Willy plongea à la verticale et fit bruyamment claquer sa large nageoire caudale sur la surface de l'eau.

Cette fois, Jesse entendit distinctement des applaudissements s'élever des gradins.

— Tu devrais remercier le public de t'applaudir ! dit-il.

A ces mots, il souffla dans son sifflet et Willy nagea en cercle, en agitant fièrement ses nageoires comme pour saluer.

— Si on jouait au ballon maintenant ?

Willy approcha, la gueule grande ouverte. Jesse lui lança un gros ballon de plage. Willy le renvoya d'un coup de museau et secoua la tête.

– Tu ne veux pas jouer au ballon ? Bon, d'accord.

Nouveaux rires dans les gradins. Jesse regarda Rae : elle souriait. Peut-être qu'on ne se défend pas si mal, pensa-t-il.

Sur un autre signal de Jesse, Willy exécuta une suite de tonneaux. Puis, il alla se poster à l'autre bout du bassin, semblant attendre un dernier ordre de son jeune dresseur.

Et l'ordre vint. Jesse leva les deux bras et les fit tourner en décrivant une large ellipse. Willy réagit instantanément et se lança dans une course folle ponctuée de grands bonds au-dessus de l'eau. A chaque bond, il prenait de la vitesse. Il n'avait jamais nagé à une telle allure en public. Finalement, il obliqua et, tel un immense poisson volant, se propulsa dans les airs et atterrit sur la plateforme, juste à côté de Jesse.

Celui-ci, qui avait l'air d'un nain en comparaison de son gigantesque partenaire, sourit jusqu'aux oreilles, tandis que Rae se tournait vers les gradins pour saluer ses patrons.

– Ainsi se termine notre spectacle, messieurs, annonça-t-elle avec fierté.

Rae et Jesse attendirent avec anxiété le verdict de Dial et de Wade.

– Vous seriez capable de refaire pareil ? demanda Dial.

Rae regarda Jesse et acquiesça. C'était la première fois que Jesse voyait Dial manifester un début d'enthousiasme au sujet de Willy.

— Ce que vous me demandez, tous les deux, soupira Dial, coûte très, très cher. Il faut que je sois sûr.

— Oui, monsieur, répondit Jesse. Je vous certifie que nous pouvons refaire la même chose n'importe quand.

Dial resta silencieux un instant. Il avait visiblement été impressionné par le spectacle. Jesse était pendu à ses lèvres.

— C'est bon, dit Dial. Faites vos preuves.

Quelques secondes plus tard, Jesse courait vers l'enclos des phoques, où se trouvait Randolph.

— Ça marche ! s'exclama-t-il. Ils sont d'accord !

Randolph sourit et lui tapota le dos.

— Je te l'avais dit, fit-il. Dial est plutôt borné mais, cette fois, il était obligé de se rendre à l'évidence.

Dial et Wade devisaient à l'entrée du parc. Dial avait un sourire de faux jeton.

— Ça s'avérera peut-être payant, disait-il à Wade. On n'a peut-être pas perdu toutes nos billes sur ce coup-là.

— Ça va nous coûter un maximum de monter un spectacle, prévint Wade.

— Et alors ? Laissons faire le gosse. Son numéro

a l'air au point. Si ça se passe bien, l'argent rentrera. Comme prévu.

C'était en effet ce qui avait été prévu au début, lorsqu'ils avaient décidé d'ajouter une attraction au spectacle pour augmenter les profits du parc aquatique. Mais, entre-temps, ils avaient imaginé plusieurs autres solutions pour rentrer dans leurs frais. Des solutions plus ou moins honnêtes. Et Wade n'aurait pas hésité à se salir les mains pour satisfaire son patron.

Mais, puisque l'affaire semblait prendre une meilleure tournure, ces autres solutions pouvaient encore attendre.

18

Jesse était un peu à l'étroit dans sa combinaison moulante, mais il s'y sentait bien. C'était un ensemble multicolore, qu'il avait choisi sur les conseils de Rae et qui lui servait d'uniforme. Le fait d'être ainsi vêtu signifiait à ses yeux qu'il était le dresseur officiel de Willy.

Tout en s'habillant, dans le vestiaire, il prêtait l'oreille aux bruits assourdis qui parvenaient de l'amphithéâtre. Les gradins étaient remplis. Le public semblait être venu en foule.

Tout à l'heure, en traversant la salle panoramique pour venir au vestiaire, il avait vu un groupe d'écoliers attroupés devant la baie vitrée – celle-là même qu'il avait maculée de tags quelques semaines auparavant. Les gosses poussaient des cris chaque fois qu'ils apercevaient Willy, lequel, bon prince, venait se frotter contre la vitre pour se faire admirer.

Au moment où il finissait de s'habiller, Rae le rejoignit dans le vestiaire. Elle aussi avait revêtu sa combinaison.

– Il y a du monde, lui dit-elle. Tu as le trac ?
– Non, répondit Jesse.

Il mentait.

Elle lui tendit un sachet en papier.

– Tiens. Un petit cadeau de la part de Randolph et de moi.

Il ouvrit le sachet et en sortit un sifflet rutilant fixé à une lanière de cuir. Il le passa autour de son cou.

– Super, dit-il en se regardant dans le miroir.

Il était prêt pour la parade, prêt à montrer Willy au monde et à faire applaudir son propre talent.

Quand il se retourna, Rae avait disparu. A sa place, il vit Dwight Mercer, l'éducateur, debout dans l'encadrement de la porte. Un radieux sourire illuminait son visage.

– Eh, Dwight ! s'exclama Jesse, lui-même surpris d'être si heureux de revoir Mercer.

– C'est formidable, mon gars, dit l'éducateur. Je suis vraiment fier de toi.

Jesse l'observa. C'était toujours le même Mercer. Mêmes habits, même sourire. Mais, à présent, ce sourire n'avait plus l'air artificiel. Il paraissait sincère, comme son intonation. Mais Jesse se demanda si c'était Mercer qui avait changé, ou lui-même...

Dans la salle panoramique, les écoliers gloussaient et gesticulaient en regardant les évolutions de Willy dans le bassin. Ils découvrirent bientôt que, plus ils criaient, plus Willy s'excitait. Et ils aimaient ça. Ils en redemandaient.

Peu à peu, certains s'amusèrent à taper contre la vitre...

Quelques minutes plus tard, Jesse entendit une musique de fanfare résonner dans les haut-parleurs de l'amphithéâtre. C'était à lui d'entrer en scène. Il sortit du vestiaire en courant et s'avança sur la plate-forme. Les gradins étaient bondés. Il n'y avait pratiquement plus une place libre.

– Mesdames et messieurs, annonça Rae, qui se tenait à quelques pas derrière lui, voici l'orque superstar du Northwest Adventure Park ! J'ai nommé... Willy !

Jesse leva le bras et fit signe à Randolph, qui se trouvait près de l'enclos de l'orque, d'actionner la cloison de séparation. Dès que ce fut fait, Willy s'extirpa tout en puissance de son enclos et nagea jusqu'à la plate-forme.

Le public applaudit.

Dial et Wade observaient la scène avec attention.

– Ce gosse a l'air tout petit, vu d'ici, remarqua Wade. Les gens vont croire qu'on recrute nos dresseurs à la maternelle.

Dial sourit.

– Ça fait partie du charme. On tient peut-être un succès. Un vrai tabac.

Le spectacle commença. Jesse prit un seau de sardines et le plaça au centre de la plate-forme. Il regarda l'assistance. Tous ces gens étaient venus pour le voir. Ils voulaient en avoir pour leur argent et il espérait ne pas les décevoir. Annie et Glen étaient assis au premier rang. Annie sourit et Glen lui fit un timide signe de la main.

– Jesse est l'ami de Willy, mesdames et messieurs, déclara Rae. Aujourd'hui, ils vont vous présenter un numéro spécial.

Jesse se pencha pour caresser la tête de Willy, qui resta très docile. Il appréciait visiblement les caresses.

– Montre-leur de quoi tu es capable, vieux, chuchota Jesse à l'orque.

Il eut l'impression que celui-ci lui répondait par un clin d'œil.

Alors, d'un geste de la main, il lui ordonna de plonger et Willy obéit.

Quand Willy était remonté à la surface, quelques instants plus tôt, le groupe d'écoliers avait protesté. Ils voulaient que le gros mammifère reste sous l'eau pour les divertir. Nombre d'entre eux se mirent à marteler la vitre dans l'espoir d'attirer l'attention de Willy et de l'inciter à redescendre.

Leur chahut fit grand tapage et les coups frappés contre la vitre provoquèrent des ondes de choc dans l'eau du bassin. Tout cela effraya Willy quand il plongea sur l'ordre de Jesse. Ça lui rappelait les pêcheurs qui l'avaient capturé en mer. Eux aussi avaient tapé sur la coque de leur bateau pour l'attirer...

Jesse tendit le bras et serra le poing. C'était le signal. A ce geste, Willy devait refaire surface. Mais de longues secondes s'écoulèrent et Willy ne réapparaissait pas.

Jesse essaya encore.

Willy n'émergeait toujours pas.

Alors, Jesse lança un regard inquiet à Rae.

— Willy est un adolescent de douze ans, dit-elle dans son micro pour détourner l'attention des spectateurs. Il mesure sept mètres de long et pèse trois tonnes et demie.

Tout à coup, Jesse sentit une vague déferler sur la plate-forme. Willy venait de remonter. Le garçon le regarda et vit tout de suite que quelque chose n'allait pas. Mais quoi ? Pourquoi Willy était-il nerveux ? Comment était-ce possible ? Ils avaient pourtant parfaitement répété leur numéro.

– Willy, tu connais les signaux, lui dit-il. Alors, sois plus attentif.

Il puisa une poignée de sardines dans le seau et la lui jeta. Puis, il décrivit de grands cercles avec les bras.

– Allons, Willy, c'est le signal de la danse, tu sais bien. Allez, fais-nous ta danse verticale.

Mais, au lieu de danser, Willy se laissa sombrer comme un poids mort.

Le public commença à manifester. Quelqu'un siffla, un autre émit des bruits bizarres avec sa bouche. Des rires moqueurs fusèrent.

– Comme tous les artistes, reprit Rae pour créer une diversion, Willy a quelquefois le trac.

Jesse chercha Willy des yeux. Introuvable. Derrière lui, les spectateurs s'impatientaient, tapaient des pieds et des mains. Il était désorienté. Où était Willy ? Pourquoi ne réagissait-il pas ? Jesse avait-il fait quelque chose qui avait déplu à Willy ? C'était la seule explication possible. Mais en quoi avait-il pu le contrarier ? Il n'y comprenait rien.

Sous l'eau, Willy s'agitait de plus en plus. Le tintamarre des écoliers, qui s'esclaffaient en tapant du poing contre la vitre, l'affolait. Il prenait peur. Il voulait qu'ils cessent.

Il les chargea en ouvrant la gueule d'un air

féroce pour montrer ses dents acérées. Il fonça droit sur la vitre.

Le choc de son corps de colosse fit sauter quelques boulons sur l'encadrement du panneau de verre.

L'eau commença à fuir...

Le public s'échauffait. Son impatience grandissait, il devenait bruyant et, malgré toute sa bonne volonté, Rae ne parvenait pas à le calmer.

Soudain, un frémissement, semblable à un bref séisme, se produisit sous l'amphithéâtre. Les spectateurs se turent. Bientôt, ce furent des cris d'enfants qui s'élevèrent du sous-sol.

Jesse comprit tout de suite que ces cris provenaient de la salle panoramique et que c'étaient des cris de peur. La peur de Willy.

Dial et Wade quittèrent les gradins avec précipitation et disparurent dans l'escalier qui menait au sous-sol. Une institutrice s'évertuait à rassembler ses élèves qui, effrayés, se dispersaient en tous sens.

Dial et Wade se frayèrent un passage dans la débandade et découvrirent bientôt la cause de la panique des enfants. Willy donnait de grands coups dans le panneau vitré, avec tout le poids de son corps. Un filet d'eau jaillissait déjà en flux continu par une fissure. Willy semblait décidé à défoncer la vitre. Et sa fureur ne se calma que lorsque les enfants furent tous évacués.

— Il n'était pas prêt, dit Rae en retrouvant Jesse dans le vestiaire.

Jesse était en train de retirer sa combinaison avec dépit.

— Non, reconnut-il sans conviction.
— Ce n'était pas ta faute, ajouta-t-elle.

Ce n'était pas une explication suffisante pour Jesse. Il était humilié. Il avait le sentiment d'avoir échoué, d'avoir trahi Willy, de s'être trahi lui-même, d'avoir trahi tout le monde. Il n'avait plus qu'une idée : s'enfuir le plus loin possible. Dès qu'il fut rhabillé, il sortit du vestiaire en courant et sans un regard pour Randolph, qui venait aux nouvelles, le front soucieux.

Il courut ainsi jusqu'à une palissade. De l'autre côté s'étendait l'océan. Et, au-delà de l'océan, il n'y avait que l'horizon.

Il était à bout de souffle. Il resta immobile un instant, pour reprendre sa respiration, puis ferma les yeux et donna un grand coup de pied dans une poubelle qui se trouvait là. La poubelle ne bougea pas d'un centimètre – elle était pleine –, mais Jesse ressentit une douleur cuisante dans le pied.

La douleur ne fit qu'attiser sa colère et il continua à taper dans la malheureuse poubelle jusqu'à ce qu'elle se renverse et répande son contenu sur le sol.

– Bravo, Jesse ! dit une voix. Joli shoot !

Il leva les yeux sans tourner la tête. C'était Mercer. L'éducateur était accompagné d'Annie et de Glen Greenwood. Il avait son éternel sourire, ce sourire professionnel et compréhensif que Jesse détestait.

– Il faut un sacré courage pour travailler avec un animal aussi gros et aussi fort, dit Annie.

De qui se moque-t-elle ? songea Jesse. Qu'est-ce qu'elle y connaît ?

– Peut-être que cet orque n'avait pas envie de faire carrière dans le show-bizness, tout simplement, commenta Glen.

Jesse ne leur répondit pas. Il ne pouvait pas. Il était trop tendu.

– Ecoute, ajouta Glen. Tu as fait de ton mieux. Tu as travaillé dur. Tu t'es débrouillé comme un chef, Jesse.

– Nous sommes fiers de toi, renchérit Annie. Moi aussi, j'aurais le trac si je devais présenter un numéro devant tous ces gens.

Jesse tourna les talons et s'éloigna. Il voulait s'en aller, disparaître, ne plus les voir. Personne ne pouvait le comprendre.

Annie fit un pas vers lui, mais Mercer la retint gentiment.

Bientôt, Jesse, qui longeait la palissade d'un pas

décidé, sentit une présence derrière lui. Sans même se retourner, il devina que c'était Mercer.

– Qu'est-ce que tu as ? demanda l'éducateur de loin. Le spectacle n'est pas terminé.

– Je me fiche du spectacle, rétorqua-t-il. Je me fiche des Greenwood.

– Allons bon, ça recommence. Tu penses de nouveau qu'ils sont contre toi ?

– Tout le monde est contre moi.

– Les Greenwood sont des gens bien, tu sais. Tu as de la chance d'être tombé sur eux.

– Alors, allez habiter chez eux vous-même et laissez-moi tranquille ! J'en ai marre de tout ça ! Je vais rejoindre ma mère !

– Rejoindre qui ?

– Ma mère !

Mercer le rattrapa et lui barra la route.

– Personne ne sait où elle est, Jesse. Même le gouvernement fédéral est incapable de la retrouver.

– Moi, je la retrouverai !

– Ecoute, Jesse, maintenant ça suffit ! répliqua sèchement Mercer en l'empoignant par les épaules. Ta mère ne reviendra pas ! Tu as oublié le jour où elle t'a abandonné devant notre porte ? Tu as oublié ça ? Eh bien, moi, je m'en souviens. Elle a fait demi-tour et a disparu au volant de sa voiture. Elle n'a pas ralenti, elle n'a même pas regardé dans son rétroviseur. Tu appelles ça une mère ?

Jesse voulut s'enfuir, mais Mercer le tenait fermement.

– Maintenant, il y a ici deux personnes qui ne demandent qu'à être tes amis, continua Mercer. Et, crois-moi, tu as bien besoin d'amis en ce moment. Tant que tu persisteras à rêver à ta mère, tu perdras ton temps. Tu comprends ?

Jesse parvint enfin à se libérer de l'emprise de Mercer.

– Laissez-moi tranquille ! dit-il en regardant la mer. J'ai pas besoin de vos sermons !

Jesse s'attendait que Mercer revienne à la charge. Mais il n'en fut rien. L'éducateur resta debout derrière lui, en le regardant sans bouger. Alors, Jesse se dit qu'il avait peut-être gagné la partie. C'était peut-être le moment de s'enfuir. De partir en courant pour ne plus jamais revenir.

Et il s'en alla. Il sortit du parc.

19

Jesse ne courut pas très longtemps. Il s'arrêta devant une route sous un pont. Le jour déclinait. Le soleil avait pris une teinte rouge orangé. L'endroit avait un air de « déjà vu » pour Jesse. Il lui sembla reconnaître ce pont. Oui, c'était bien ça. C'était le pont sous lequel il s'était caché avec ses copains, Perry et les autres, pour partager le gâteau volé, le soir où la police les avait pris en chasse, ce fameux soir où il avait vu Willy pour la première fois.

Il regarda vers l'horizon. L'immensité de l'océan lui donna l'impression d'avoir fait du surplace, comme s'il avait couru en vain, comme si toute fuite était impossible. Où qu'il aille, l'océan serait toujours là. Il ne pouvait lui échapper.

Il n'y avait pas que l'océan qui le suivait. Il y avait aussi la dépanneuse de Glen Greenwood.

Glen l'avait filé depuis le parc aquatique. Sa camionnette était là, de l'autre côté de la route, dans l'ombre. Elle semblait l'attendre.

Que faire ? Partir en courant ? C'était facile. En zigzaguant entre les piliers, il pouvait le distancer sans problème. Il aurait disparu avant que Glen n'ait seulement le temps d'enclencher la première vitesse.

Pourtant, il ne bougea pas. D'étranges sentiments se bousculaient en lui. Une voix intérieure lui soufflait de partir, une autre lui commandait de rester. Il avait la sensation de tomber dans le vide. Il ne savait plus quelle attitude adopter.

Il se retourna et observa la dépanneuse. Malgré la pénombre, il aperçut distinctement les trois silhouettes assises derrière le pare-brise.

Il se dirigea vers le véhicule et monta dedans.

On échangea peu de mots pendant le trajet de retour. Glen fit une halte près de l'entrée du parc pour déposer Mercer devant sa voiture et prit la direction de la maison. Jesse se glissa dans son lit sans même se déshabiller et resta longtemps allongé sur le dos, les yeux fixés au plafond dans l'obscurité.

Au bout d'un moment, on frappa à sa porte. C'était Annie. Elle vint s'asseoir timidement sur le bord du lit.

– Je suis triste pour Willy, dit-elle.
– Moi aussi, répondit Jesse sans la regarder.

– Les animaux sont parfois imprévisibles. Comme les gens. Ça ne veut pas dire qu'il faille cesser d'avoir confiance en eux, tu sais.

Jesse était incapable de parler. Il avait du mal à retenir ses larmes.

Longtemps après qu'Annie lui eut souhaité bonne nuit et eut quitté la chambre, Jesse resta éveillé dans son lit. Il n'arrivait pas à fermer l'œil. Il ressassait inlassablement les événements de la journée. Tout avait bien commencé. Les gradins bondés, sa combinaison neuve, l'entrée en scène de Willy... Et puis, tout avait mal tourné. Willy avait disparu, le sol de l'amphithéâtre avait tremblé, des enfants s'étaient mis à crier et à courir...

Jesse se reprochait de n'avoir pas su garder le contrôle de Willy. Après tout, c'était lui le dresseur. C'était à lui de rétablir la situation. Et il n'avait pas été à la hauteur de sa tâche.

Tout à coup, il décida d'oublier ce qui s'était passé. Pourquoi se mettre martel en tête ? Willy n'était qu'un animal, au fond. Comme tous les animaux, il pouvait avoir des réactions bizarres. Et, comme tous les animaux, il était incapable de parler. Jesse n'était donc pas responsable de leurs difficultés de communication. Willy n'était jamais qu'un *orque* !

Quelle idée saugrenue d'essayer de nouer des liens d'amitié avec un orque ! Comme il avait été idiot ! Autrefois, il avait de vrais amis, des amis *humains*. D'accord, Perry et Gwennie avaient des défauts, mais au moins ils comprenaient ce qu'on leur disait et ils pouvaient répondre.

Il se leva et s'approcha des étagères. La balle de base-ball et le gant que lui avait offerts Glen étaient posés sur l'une des tablettes. Il les prit. A côté du gant, il vit la carte postale que Perry lui avait donnée l'autre jour, devant le bassin. Il la regarda.

La plage. L'océan. Le surf. Des filles en bikini.

Des gens. Des *humains*.

Jesse ramassa son sac à dos, qui se trouvait sur une chaise dans le coin. A l'intérieur, il y avait ses anciens habits et son harmonica. Il mit le sac sur son épaule. Ça lui rappela ses jours d'errance dans les rues et ce souvenir lui plut. Il avait l'impression de retrouver ses « marques ».

La plage. L'océan. Le surf.

Il ouvrit la fenêtre en prenant soin de ne pas faire de bruit.

Des filles en bikini.

Il grimpa sur l'appui de fenêtre.

Des gens. DES HUMAINS!

Il se laissa glisser le long du mur, traversa la cour et disparut dans la nuit.

20

Un dernier adieu, songea Jesse, assis au bord du bassin, en regardant Willy. L'orque gigantesque flottait nonchalamment à la surface.

Près de lui, le ballon de plage, que Jesse lui avait lancé pendant le spectacle, dérivait lentement au gré du clapotis des vaguelettes du bassin.

Adieu, Willy, adieu...

Comme s'il avait entendu les pensées de Jesse, Willy donna une pichenette dans le ballon, qui vint rebondir sur le ciment, aux pieds du garçon. Jesse le rejeta à l'eau.

— Fiche-moi la paix ! cria-t-il.

Mais Willy, imperturbable, lui renvoya la balle. Jesse se leva, furieux.

— Ben voyons ! Maintenant, tu as envie de rigoler. Mais avant, tu faisais le mort. Trop tard, mon vieux.

Willy répondit en éclaboussant Jesse.

– Arrête ! rétorqua Jesse. Je ne joue plus.

Et, pour bien faire comprendre à Willy que tout était fini entre eux, il sortit de sa poche son sifflet tout neuf et le jeta à l'eau. Puis, il s'en alla.

Il n'avait pas fait trois pas que Willy éleva une triste plainte derrière lui. L'orque pleurait.

– Pas de ça avec moi ! dit Jesse en se retournant. Je me tire. Je vais en Californie, compris ? Alors, tchao, Willy, amuse-toi bien.

La plainte mélancolique de Willy redoubla. Jesse s'était juré de ne pas se laisser attendrir, mais il finit par céder et revint sur ses pas.

Willy avait nagé jusqu'à l'autre bout du bassin. Il paraissait particulièrement agité. Jesse ne l'avait jamais vu comme ça. Soudain, l'orque se dressa à la verticale et sembla regarder au-delà du parc, en direction de l'océan, en poussant des cris de plus en plus désespérés.

Un phénomène étrange se produisit. Jesse crut entendre ces cris se répercuter en écho démultiplié dans le parc. Comment était-ce possible ? Il regarda dans la même direction que Willy, mais les immeubles l'empêchaient d'apercevoir l'océan. Alors, il grimpa à l'échelle qui avait été installée pour le spectacle des phoques et, plus il grimpait, plus l'écho s'amplifiait. C'était décidément bizarre.

Quand il arriva au sommet de l'échelle, il eut l'explication du phénomène et comprit en même temps pourquoi Willy était si agité. Ce n'était pas un écho...

Au loin, sur l'océan, à une quarantaine de mètres du rivage, il distingua un groupe d'orques, dont les silhouettes se dessinaient dans le clair de lune. Ils étaient tous à la verticale, comme pour tenter de voir Willy.

Jesse se rendit compte qu'il s'était trompé. Willy ne pleurait pas à cause de son départ. Il appelait. Et ce n'était pas lui qu'il appelait, c'étaient ces orques attroupés là-bas et qui lui répondaient dans son propre langage, créant l'illusion d'un écho.

Bientôt, la famille d'orques repartit vers le large. Ils continuaient à appeler Willy, comme pour l'inciter à les suivre, mais leurs cris s'estompaient déjà dans les lointains. Jesse regarda Willy. Celui-ci était toujours à la verticale et appelait toujours. C'est alors que le garçon comprit à quel point la condition de Willy était celle d'un prisonnier et à quel point le grand animal marin regrettait sa liberté perdue.

La méditation de Jesse fut brusquement interrompue par des lumières qui scintillaient sous l'eau, au fond du bassin. Il n'avait encore rien vu de semblable depuis qu'il travaillait ici.

Les lumières étaient intermittentes, comme des lampes qui clignotent irrégulièrement sous l'effet d'un court-circuit. Jesse, qui était toujours juché sur son perchoir, descendit quelques échelons pour se rendre mieux compte de ce qui se passait.

Finalement, il décida de se rendre dans la salle panoramique du sous-sol pour en avoir le cœur net, car il avait la conviction que ces étranges lumières provenaient du panneau vitré.

En approchant de la vitre, il entendit des bruits de coups, réguliers et insistants comme un battement de cœur. Plusieurs silhouettes s'affairaient dans la salle panoramique.

L'une d'elles était celle de Wade, le bras droit de Dial. Il tenait une lampe-torche, qu'il braquait sur un coin de la vitre.

Maintenant, Jesse voyait distinctement ce qui se tramait. Wade éclairait deux hommes qui maniaient des outils électriques. L'un utilisait un fer à souder (ce qui expliquait les éclairs), l'autre un marteau (ce qui expliquait les bruits).

Mais que faisaient-ils ? Jesse les observa attentivement et, peu à peu, devina leur terrible projet. Ils étaient en train de démolir la paroi du réservoir... alors que Willy était encore dans le bassin !

Le sang de Jesse ne fit qu'un tour.

Qu'adviendrait-il de Willy si le bassin se vidait ? Et pourquoi Wade voulait-il nuire à Willy ? Quel était son intérêt ? Willy n'était peut-être pas l'orque le mieux dressé du monde, mais c'était tout de même la principale attraction du parc. Perdre Willy, c'était perdre gros...

Non, ce devait être quelque chose de plus tordu, une magouille plus subtile que Jesse était trop jeune pour comprendre, un truc que seul un adulte pouvait lui expliquer.

Il courut à toutes jambes chez Randolph et tambourina furieusement sur sa porte.

— Randolph ! cria-t-il. Randolph, réveillez-vous ! Réveillez-vous !

Au bout de quelques minutes, qui semblèrent des siècles à Jesse, Randolph vint ouvrir en se frottant les yeux.

— Il y a un trou dans le bassin de Willy ! s'exclama Jesse sans laisser au superviseur le temps de lui poser la moindre question.

Randolph enfila un peignoir et suivit Jesse dans la salle panoramique. Quand ils arrivèrent sur place, Jesse lui avait déjà exposé toute la situation. Ils essayèrent d'ouvrir une porte, mais rencontrèrent de la résistance. Quand la porte céda enfin, une trombe d'eau déferla sur eux, les mouillant jusqu'aux genoux.

Wade et les ouvriers avaient quitté les lieux, mais avaient laissé une énorme brèche dans l'encadrement de la baie vitrée. L'eau s'écoulait en flux régulier et menaçait de transformer la salle en piscine.

— Ils veulent tuer Willy ! s'écria Jesse.

— Tu es absolument sûr d'avoir vu Wade avec eux ? demanda Randolph.

— Certain.

— Oh, oh..., fit Randolph en ouvrant de grands yeux. Je vois. Dial veut rentabiliser Willy.

— En le tuant ?

— Oui, pour toucher l'argent de l'assurance, expliqua Randolph. Dial n'arrive pas à faire travailler Willy. Et personne ne voudra le lui racheter. Alors, il le fait tuer pour empocher la prime. Un orque comme Willy vaut un million de dollars.

— Willy ! cria Jesse en regardant dans le bassin.

— La chasse à la baleine et à l'orque est réglementée, pour ne pas dire interdite. Ce sont donc des animaux très rares. Quand on en tient un, ça représente un gros paquet de fric.

Jesse constata que le niveau de l'eau baissait considérablement. Willy essayait désespérément de rester à la surface.

— Eh, Randolph, libérons Willy !

Randolph se tourna vers Jesse d'un air sceptique. Il était clair que l'adolescent ne mesurait pas la portée de ses paroles.

— Sortons-le d'ici, insista Jesse. On pourrait le conduire jusqu'à la baie et le lâcher dans l'eau.

— Tu veux remettre Willy dans l'océan ?

— Pourquoi pas ?

Randolph réfléchit. Etait-ce faisable ? Il se gratta la tête et regarda Willy dans son bassin.

— Je n'ai jamais aimé ce job, de toute manière, soupira-t-il.

21

Les phares de Rae captèrent Jesse et Randolph au moment où ceux-ci sortaient d'un hangar du service d'entretien. Ils s'employaient à dérouler un immense filet en cordage, tel qu'on en utilisait pour hisser les animaux marins du parc aux fins d'examen médical.

Rae dormait quand elle avait reçu l'appel téléphonique de Randolph. Il lui avait raconté ce qui se passait, mais sans lui révéler ce qu'ils avaient projeté.

Un bref regard vers le filet lui donna une petite idée de ce qu'ils avaient en tête.

– Ce n'est pas un accident, lui expliqua Randolph quand elle descendit de sa voiture. Dial tente de tuer Willy.

– Alors, on va le remettre à l'océan, ajouta Jesse.

— Rien que vous deux ? fit-elle.

— Nous trois, répondit Jesse.

— Moi aussi ?

— Oui, m'dame, confirma Randolph.

— Est-ce que vous n'allez pas un peu vite en besogne ?

— Ecoute, dit Randolph pour couper court à ses objections, tout ce que je sais, c'est que cet orque va mourir s'il reste au sec trop longtemps. Et le bassin est irréparable pour le moment.

Rae les suivit dans la salle panoramique. Le spectacle des dégâts la stupéfia.

— Il a une famille pas loin, dit Jesse en aidant Randolph à tirer le filet. Je les ai entendus. Ils l'attendent. Vous comprenez ? Il s'ennuie de sa famille ! Je parie que c'est pour ça qu'il a un comportement bizarre.

— Mais..., commença Rae.

Jesse et Randolph se retournèrent à mi-hauteur de l'escalier menant à l'amphithéâtre.

— Ils ont essayé de le tuer ! s'écria Jesse.

— Encore un effort, Jesse, tire, dit Randolph.

Ils hissaient péniblement le lourd filet vers le haut des marches. Arrivés dans l'amphithéâtre, ils traînèrent leur fardeau jusqu'au bassin principal, dans lequel Willy surnageait tant bien que mal.

— Vous avez appelé la police ? demanda Rae.

— A quoi ça servirait ? répliqua Randolph. Si on

ne remet pas Willy rapidement à l'eau, il va mourir.

Cependant, Rae hésitait toujours. Ce que faisaient Randolph et Jesse était admirable, mais c'était contraire à la loi. Devinant son malaise, Randolph lâcha le filet et s'approcha d'elle. Il perdait patience.

– De deux choses l'une, Rae, dit-il. Ou tu t'en vas, ou tu branches la pompe numéro 2. O.K. ?

Rae ne fut pas longue à se décider. Elle les aiderait. C'était la seule chose à faire. Sans répondre à Randolph, elle courut de l'autre côté du bassin, vers les valves auxiliaires. Elle tourna un robinet et attendit. Bientôt, un bruit d'eau régulier lui indiqua que le second bassin se vidait dans le premier.

Puis, elle alla dans la remise où ils serraient la nourriture, sachant que, pour inciter Willy à bouger, il leur faudrait un appât.

Quelques secondes plus tard, elle rejoignit Jesse avec un seau plein de sardines. Willy s'agitait frénétiquement pour rester à flot.

Un moteur se mit à vrombir et, bientôt, ils virent un chariot élévateur, crachant de la fumée, se diriger vers l'enclos.

Randolph était aux commandes.

– Accrochez-le ! cria-t-il à Jesse et à Rae en conduisant son engin vers le filet.

Jesse et Rae déployèrent le filet, le hissèrent et

le fixèrent solidement sur l'énorme fourche du chariot.

Randolph orienta alors la fourche vers l'enclos et l'abaissa. Bien que l'eau du bassin auxiliaire continuât à se déverser régulièrement dans le bassin principal, le niveau descendait inexorablement, la brèche dans la vitre panoramique étant trop importante.

Willy se débattait de plus en plus.

Rae apporta le seau de sardines à Jesse.

— Tiens, essaie de l'attirer dans l'enclos avec ça, lui dit-elle.

Jesse prit le récipient et s'approcha aussi près que possible de l'orque.

— Willy ! appela-t-il. Viens !

Willy ne semblait pas l'entendre. Il était trop occupé à essayer de surnager.

Jesse plongea la main dans le seau et en sortit un poisson, qu'il brandit au-dessus du rebord du bassin. Mais Willy ne réagissait toujours pas.

— On tente de te sauver la vie, Willy ! Si tu étais malin, tu nous donnerais un coup de main.

Soudain, on entendit un bruyant craquement métallique, suivi d'une explosion fracassante. Brusquement, le niveau se mit à baisser deux fois plus vite.

L'encadrement de la baie vitrée, en bas, avait fini par céder complètement sous la pression de l'eau. La salle panoramique allait bientôt être entièrement inondée.

Le bassin était presque à sec. Willy se débattait comme il pouvait. La tâche allait être beaucoup plus difficile maintenant, pensa Jesse.

Willy a besoin d'aide, se dit-il.

Et il sauta dans le bassin. Au-dessus de lui, des voix terrifiées s'élevèrent :

– Jesse ! hurla Randolph.

– Sors de là ! lança Rae.

Mais Jesse ne s'occupa pas d'eux. Il pataugea péniblement vers l'orque en perdition.

– Willy, viens, lui dit-il. Allez, vite ! On va sortir d'ici. Il faut que tu y mettes du tien.

Ses larmes se mêlaient à l'écume sur son visage. Le bruit de cataracte de l'eau qui s'écoulait était tel qu'il se demanda si l'orque pouvait entendre sa voix. Willy le comprenait-il, au moins ? Voulait-il vivre ou se laisser mourir ?

– Willy, je t'en prie ! supplia-t-il. Fais-moi confiance.

Alors, pour la première fois depuis les répétitions avant le spectacle, Willy regarda Jesse dans les yeux avec une expression pleine de douceur.

L'orque leva la queue et se propulsa lentement vers l'enclos.

Il avait compris !

Jesse l'accompagna en nageant. Quand il fut certain que Willy était complètement entré dans l'enclos, il empoigna l'extrémité du filet et, de toutes ses forces, le tira par-dessus l'énorme corps de l'animal. Cette fois, enfin, Willy était harnaché.

Rae aida Jesse à remonter sur le bord et Randolph actionna prudemment l'élévateur.

Bientôt, Willy fut hissé lentement hors de l'enclos par les puissantes mâchoires de l'engin. En le voyant s'élever ainsi dans les airs, Jesse trouva qu'il ressemblait à un grand oiseau prenant son envol.

22

Randolph déposa la forme massive de Willy sur la remorque préparée à cet effet, qu'il avait garée juste devant l'entrée latérale du bassin. Cette remorque était une sorte de civière roulante : un immense « hamac » en toile de six mètres de long, monté sur des brancards fixés à de solides piliers en bois et reposant sur un épais tapis de mousse, formait une espèce de berceau dans lequel l'orque pouvait voyager jusqu'à la mer dans des conditions relativement confortables.

C'était une opération assez périlleuse. Dès que Willy fut installé dans le berceau, Jesse lui caressa la tête pour l'apaiser.

– Vous croyez qu'il tiendra le coup ? demanda-t-il.

– Il va bien, ne t'inquiète pas, répondit Rae, assise à côté de lui, en caressant également la tête de l'animal. Willy a déjà été transporté. Si nous n'oublions pas de le mouiller pendant le trajet, il ira bien.

Randolph était satisfait. Jusqu'ici, ils avaient accompli du beau travail. Mais il restait un problème. Il leur fallait un véhicule capable de tracter la remorque. Rae et lui avaient chacun une voiture, mais aucune n'était assez puissante pour tirer un tel poids.

Ce fut Jesse qui trouva la solution. Il demanda à Randolph de le conduire chez les Greenwood. Il était tard et toutes les lumières étaient éteintes dans leur maison. Glen et Annie dormaient paisiblement, persuadés que Jesse dormait aussi.

Jesse dit à Randolph de l'attendre à l'entrée du garage. Puis, il se faufila dans la cuisine. Il savait que Glen conservait un jeu de clés du garage et de son bureau dans un buffet. La pièce n'était éclairée que par les lumières de la rue, mais Jesse se dirigea sans difficulté.

Il ouvrit le buffet sans bruit et aperçut une rangée de clés dans la demi-obscurité. Soudain, il crut entendre quelqu'un bouger en haut. Il hésita. Fausse alerte. La maison était silencieuse. Il prit les clés et sortit à pas de loup.

Randolph, posté devant la porte du garage, ne l'entendit pas venir. Il sursauta en le voyant apparaître brusquement à côté de lui.

– Eh, on ne t'a jamais dit qu'il ne fallait pas

effrayer les gens ? murmura-t-il. (Puis, il regarda autour de lui.) Où est Glen ?

Il pensait que Jesse avait l'intention de réveiller Glen pour lui demander la permission d'emprunter sa dépanneuse. Il comprenait maintenant qu'il s'était trompé.

— On n'a pas le temps, répondit Jesse. D'ailleurs, il refuserait de nous aider.

Jesse n'en était pas certain du tout, mais il ne voulait courir aucun risque.

Randolph hésita un moment, puis accepta les clés et entra dans le garage. Là, ils montèrent dans la dépanneuse.

— Dépêchez-vous ! fit Jesse.

— Je me dépêche, dit Randolph en débloquant l'antivol et en mettant le contact.

Il enclencha la marche arrière et commença à reculer. Le véhicule dut heurter quelque chose, car il y eut un grand bruit métallique. Il regarda dans son rétroviseur. Il avait renversé des poubelles en aluminium qui roulaient à présent vers la chaussée dans un tintamarre de quincaillerie. Un instant après, la lumière s'alluma au premier étage de la maison des Greenwood. Ce n'était pas le moment de moisir ici. Il s'engagea dans la rue, fit une manœuvre rapide et démarra pleins gaz.

En s'éloignant, ils entendirent Glen pousser des cris à la fenêtre de sa chambre.

Glen était au téléphone, en communication avec la police pour déclarer le vol de sa dépanneuse, quand Annie descendit.

– Glen, dit-elle en le tirant par le bras.

Son mari lui fit signe de patienter. Il était en train de donner son numéro d'immatriculation à son correspondant. Elle insista.

– Glen ! Jesse n'est pas là. Ses affaires ont disparu.

Il s'interrompit. Les deux époux se regardèrent avec incrédulité. Ils avaient tous deux le même soupçon : c'était peut-être Jesse qui avait volé le véhicule.

Randolph accrocha la remorque à la dépanneuse.

Rae prépara une série de seringues hypodermiques avec un mélange spécial de vitamines et de sels minéraux.

Jesse apporta deux énormes vaporisateurs d'eau.

Tous les trois s'activaient avec la précision d'une machine bien huilée.

– A ton avis, quelle direction prendre ? demanda Randolph à Rae. On va directement à la marina de Dawson ?

Rae acquiesça en remplissant une dernière seringue d'un liquide laiteux.

– Oui, dit-elle, c'est la meilleure solution. Ça nous permettra d'atteindre l'océan par des petites routes.

Ils étaient si occupés qu'ils n'entendirent pas le crépitement de la C.B. dans la dépanneuse.

– Jesse ? disait la voix de Glen Greenwood sur la radio de bord. Jesse, tu es dans ma dépanneuse ?

– Jesse, je t'en supplie, réponds-nous ! enchaîna Annie.

Mais il n'y avait personne dans la cabine pour répondre à l'appel désespéré des Greenwood. Jesse était en train d'appliquer une serviette humide autour de la tête de Willy. L'animal commençait à respirer péniblement et Jesse se faisait du mauvais sang. Avait-il pris la bonne décision ? Seraient-ils capables de conduire Willy jusqu'à l'océan sans encombre ?

Le voyant soucieux, Rae le rassura :

– Ce n'est pas la première fois qu'on le transporte. Ça se passera bien.

Il acquiesça. Rae savait de quoi elle parlait, mais il n'en était pas moins vrai que l'orque était terrifié.

– En route ! En route ! dit Randolph.

Rae grimpa dans la cabine à côté de lui et Randolph mit le contact.

Jesse sauta dans la remorque, pour rester près de Willy. Il n'avait pas l'intention de le laisser seul une seconde. Il était déterminé à rester à ses côtés, quoi qu'il arrive. Même si les Greenwood, Dial ou la police les rattrapaient, il n'abandonnerait pas son ami.

S'ils veulent tuer Willy, pensa-t-il comme la remorque sortait du parc aquatique, ils devront me tuer d'abord !

23

Trente minutes plus tard, Dial fut réveillé par la sonnerie du téléphone à côté de son lit. Les événements de ces dernières semaines l'avaient harassé. Mais, depuis la lamentable prestation de Willy, l'autre jour, les choses se présentaient mieux : de nouvelles solutions étaient apparues. Maintenant que la question du devenir de Willy était résolue, il pouvait enfin dormir sur ses deux oreilles.

Le coup de téléphone venait changer tout cela. C'était Wade qui appelait. Et il avait de mauvaises nouvelles.

— Quoi ? aboya Dial dans l'appareil après avoir entendu l'incroyable récit de Wade. On n'a jamais vu personne voler un orque !

— Je vous répète que cet épaulard de malheur a disparu, insista Wade. La remorque est introuvable et le chariot élévateur a été déplacé. Ce sont sûrement cet Indien et cette dresseuse à la grande gueule qui...

Dial lui coupa la parole :

– C'est une catastrophe. On n'est pas assurés contre le vol. Appelez Wilson. Dites-lui de se pointer avec toute l'équipe.

Il raccrocha, sortit de son lit et s'habilla en regardant par la fenêtre de son appartement situé au vingt-septième étage. Il aimait vivre en hauteur, loin de la foule. Mais, ce soir, l'altitude ne suffisait pas : le problème de Willy le forçait à redescendre d'urgence sur terre.

Glen rattrapa Annie dans l'allée. Ils s'étaient tous deux vêtus en grande hâte.

– Où tu vas ? lui demanda Glen.

– Chercher Jesse, répondit-elle en se dirigeant vers sa Taurus 90.

– C'est ridicule. Si c'est lui qui a volé la dépanneuse, la police le retrouvera.

– Je ne veux pas qu'elle le retrouve ! dit-elle en s'asseyant au volant. Passe-moi la clé, Glen.

Il hésita et, finalement, ouvrit la portière et prit place sur le siège du conducteur en disant :

– Pousse-toi.

Annie obéit avec joie, ravie de voir son mari

s'installer au volant, mettre le contact et sortir la voiture du garage.

C'était Rae qui avait eu l'idée de prendre des routes secondaires pour se rendre à la marina de Dawson. A l'heure qu'il était, Glen avait sûrement prévenu la police du vol de sa dépanneuse et Dial avait probablement été averti de l'enlèvement de Willy. Randolph et Jesse tombèrent d'accord avec elle : il fallait absolument éviter les grands axes afin de ne pas se faire repérer.

Malheureusement, c'étaient des routes cahoteuses qui rendaient le trajet pénible pour Willy, « saucissonné » comme il l'était dans son berceau de fortune. En outre, elles serpentaient dans une épaisse forêt, ce qui obligeait Randolph à ralentir considérablement l'allure.

Bientôt, il s'arrêta complètement.

Jesse entendit les portières s'ouvrir. Que se passait-il ? Une panne ? Il sauta à bas de la remorque et rejoignit les deux adultes devant la dépanneuse. Rae tenait une lampe-torche, qu'elle braquait sur un énorme tronc d'arbre tombé en travers de la route. La voie était barrée.

Randolph inspecta les environs, à la recherche d'un chemin quelconque pour contourner l'obstacle. Il n'y en avait pas. Ils étaient dans de sales draps.

– Il va falloir faire demi-tour, dit Randolph, la mort dans l'âme.

Il demanda à Jesse de diriger la lampe-torche sur l'arrière de la remorque, puis remonta dans la cabine et commença à reculer.

Il lui était difficile de voir la lumière de Jesse dans le rétroviseur, à cause de l'énorme masse de Willy dans les brancards, qui lui bouchait la vue. Il manœuvra avec précaution, mais tout en étant sûr de lui, car il avait le sens des distances.

Pourtant, tout à coup, il perdit le contrôle du véhicule. Le volant glissa entre ses doigts. Dans son rétroviseur, il vit la remorque pencher dangereusement. Il changea de vitesse et écrasa l'accélérateur. En vain. Les roues patinaient.

– Randolph, stop ! cria une voix.

C'était Jesse. Randolph descendit de la cabine et vint voir ce qui se passait.

Jesse et Rae étaient tout éclaboussés de boue.

La remorque était sortie de la route et s'était enlisée dans une mare boueuse.

– La roue continue à s'enfoncer, dit Rae en s'essuyant le visage. Si ça penche davantage, on va perdre Willy.

Randolph ne put que constater les dégâts. Avec l'inclinaison de la remorque, les piliers qui soutenaient les brancards menaçaient à tout instant...

La station-service de Lonoco était ouverte vingt-quatre heures sur vingt-quatre et Brody travaillait la nuit, parce qu'il y avait beaucoup moins de circulation. Cela lui permettait de flâner dans le bureau en buvant du café, en mangeant des biscuits et en écoutant les communications radio de la police sur sa C.B.

Il avait déjà entendu des choses bizarres sur la fréquence de la police, mais, ce soir, c'était le bouquet. Un orque en fuite ! C'était bien la première fois qu'on annonçait une nouvelle pareille.

Brody était en train de se servir une dizième tasse de café quand une voiture s'arrêta devant la porte dans un crissement de pneus. En reconnaissant la Taurus et son chauffeur, il fut tout content.

Glen et Annie semblaient sur les nerfs.

– Eh, Brody ! dit Glen. Tu as entendu parler d'une dépanneuse volée ?

– C'est la tienne ? fit Brody. Et l'orque est à toi aussi ?

– L'orque ? demanda Annie, stupéfaite.

– Ouais, répondit Brody. J'ai capté un avis de recherche de la police. Ils essaient de retrouver une dépanneuse avec une remorque de sept mètres transportant un orque géant

Glen regarda Annie. Les paroles de Brody confirmaient leurs soupçons : c'était Jesse qui avait volé la dépanneuse. Mais qu'est-ce que l'orque venait faire là-dedans ?

– Il nous faut de l'aide, dit Rae.

Elle a raison, pensa Jesse. Il nous faut de l'aide, mais à qui nous adresser ? Il y avait peut-être une solution... Seulement, cette solution comportait un gros risque...

Tant pis, il décida de tenter le coup.

Il pataugea dans la boue et grimpa dans la cabine de la dépanneuse. Là, il décrocha le micro de la C.B. et se mit à manipuler les boutons. Il n'avait jamais utilisé de C.B. auparavant et il lui fallut un certain temps pour trouver la bonne fréquence.

– Glen ! dit-il. Annie !

Il répéta leurs noms plusieurs fois.

Au bout de quelques minutes, les voix des Greenwood lui répondirent.

24

La Taurus s'arrêta derrière la remorque. Le faisceau de ses phares balaya Randolph, Rae, Jesse et, bien sûr, Willy. Annie descendit de voiture et courut vers eux.

– Jesse, tu vas bien ? demanda-t-elle.

Jesse acquiesça. Il espérait n'avoir pas commis d'erreur en appelant les Greenwood à la rescousse. Comprendraient-ils la situation ? Et s'ils appelaient la police ?

Glen sortit à son tour de la voiture. Le spectacle de sa dépanneuse en travers de la route et de l'imposante masse de Willy sur la remorque le stupéfia.

– Jesse, commença-t-il en s'efforçant de dominer sa colère, qu'est-ce qui se passe ? Qu'est-ce que tu fais avec ma dépanneuse ? Et cet orque ! C'est la chose la plus dingue que j'aie jamais...

– Ils ont essayé de tuer Willy ! s'exclama Jesse.

Pourvu qu'ils comprennent, se dit-il.

Glen n'en crut pas ses oreilles. Il était plus étonné que fâché maintenant.

– Tuer Willy ? fit-il.

– Alors, on va le remettre à la mer, expliqua l'adolescent.

Glen garda le silence. Toute cette scène lui paraissait invraisemblable. La dépanneuse, la remorque, l'orque. Il se demanda ce qui pouvait pousser ces gens à de telles extrémités.

Jesse s'approcha de lui.

– Aidez-nous, implora-t-il d'une petite voix. Si vous nous aidez à le remettre à l'eau, je ferai tout ce que vous voudrez. Tout.

– Qu'est-ce que tu crois que j'attends de toi ?

– Je sais pas... Je sais pas ce que je peux faire pour vous. Mais il faut que je veille sur Willy. Il le faut. Vous comprenez ?

Glen n'était pas certain de comprendre tout à fait Jesse. Il n'était même pas sûr de parvenir à le comprendre vraiment un jour. Mais la ferveur de Jesse pour Willy l'émut.

– Il doit y avoir une chaîne derrière le siège arrière, dit-il en désignant la dépanneuse. Va me la chercher, Jesse.

Jesse serra le poing en signe de victoire. Gagné ! songea-t-il en courant chercher la chaîne. Il ne s'était pas trompé ! Il avait eu raison de les appeler en renfort !

Puis, tandis qu'il aidait les autres à accrocher la remorque à la calandre de la Taurus d'Annie, il pensa : Peut-être que je ne me tromperai plus jamais sur leur compte.

Près d'une demi-heure plus tard, le câble métallique du treuil de la dépanneuse hissait la remorque hors de la mare de boue et de sable dans laquelle elle s'était enlisée. Glen actionnait le treuil pendant que Randolph surveillait les roues arrière de la remorque. Annie, au volant de sa voiture, attendait patiemment que Glen lui donne le signal de reculer. La Taurus était maintenant arrimée à la remorque par une solide corde et, si tout se passait bien, elle serait en mesure de la tracter.

Rae et Jesse étaient aux côtés de Willy. Rae appliquait un onguent à l'oxyde de zinc sur l'évent de l'animal et Jesse l'aspergeait d'eau pour maintenir le degré d'humidité de sa peau.

– Ne t'en fais pas, Willy, murmurait-il. Tout ira bien. Glen s'en occupe. On va te sortir de là.

– Pose la planche maintenant, Jesse ! lança Glen.

Jesse sauta de la remorque, s'empara d'une large

planche et la glissa sous les roues arrière. Dès que ce fut fait, il fit signe à Annie.

Celle-ci démarra. La corde se tendit. Glen manœuvra le treuil et les roues arrière adhérèrent sur la planche. L'opération ne fut pas longue. Glen grimpa dans la cabine de la dépanneuse et, bientôt, la remorque retrouva sa position horizontale sur la chaussée.

Dial enfonça la pédale de gaz dès qu'il arriva sur la grande route. Il regarda dans son rétroviseur pour s'assurer que Wade et les autres le suivaient toujours.

En tant qu'homme d'affaires, Dial savait qu'il fallait toujours devancer les pensées de l'adversaire. C'était le seul moyen d'emporter un marché. Dès qu'il eut capté l'avis de recherche de la police sur la fréquence spéciale, il lui fut très facile de deviner ce qui s'était passé. Aussi facile que d'additionner deux et deux : le vol de la dépanneuse des Greenwood et la disparition de l'orque étaient forcément liés. Le gosse avait dû découvrir par hasard le sabotage du bassin et, sachant que, privé d'eau, l'orque était voué à une mort certaine, il avait probablement sonné le branle-bas de combat pour le sauver. L'Indien, ou peut-être même Greenwood, avait dû lui prêter la main pour mener son opération à bien.

En ce moment, ils étaient vraisemblablement en train de transporter Willy vers l'océan pour le remettre à l'eau. A quel endroit ? Ce n'était pas très difficile à imaginer. Pour Dial, le seul problème était de savoir s'il arriverait à la marina de Dawson avant eux et le précieux capital que représentait son cétacé.

— Il commence à se dessécher, dit Rae en regardant par la lunette arrière de la dépanneuse.

La peau de Willy, normalement noire et brillante, virait peu à peu au gris cendre. Les aspersions constantes de Jesse ne suffisaient plus à lui assurer une humidité satisfaisante.

— Il faudrait l'arroser copieusement, continua-t-elle. Le soleil va bientôt se lever. On n'a plus beaucoup de temps.

— Je connais un endroit, dit Glen.

Il savait que son idée était saugrenue, mais ça pouvait marcher.

Quelques minutes plus tard, il dirigeait la dépanneuse dans un enclos de lavage automatique pour camion. C'était un self-service, il n'y avait donc personne dans la place pour leur poser des questions embarrassantes.

Jesse était toujours sur la remorque. Il caressait Willy.

— Ne t'en fais pas, vieux, chuchota-t-il à l'orque. Tu vas prendre une bonne douche.

La remorque s'engagea lentement dans le tunnel de lavage et Jesse mit pied à terre.

L'opération s'éternisait. Jesse commençait à se demander s'ils arriveraient à la marina à temps. Jusque-là, les choses s'étaient relativement bien passées, mais rien ne prouvait qu'il en serait toujours ainsi. Ni la police ni Dial ne s'étaient encore montrés, mais ça ne saurait tarder. Que faisaient-ils ? Attendaient-ils qu'il fasse jour pour entrer en action ?

Telles étaient les pensées de Jesse tandis qu'il regardait la grande queue de Willy disparaître dans le tunnel. La partie n'est pas encore gagnée, se dit-il.

Après la séance de lavage, quand ils reprirent la route, Willy parut se sentir un peu mieux. Mais Jesse avait beau le caresser, rien ne semblait pouvoir apaiser la tristesse de l'orque. Comprend-il au moins que j'essaie de le sauver ? se demandait Jesse.

– Tiens bon, murmura-t-il. On est presque arrivés.

L'animal poussa un long soupir douloureux.

– Faut se dépêcher ! cria Jesse aux autres. Willy n'a pas l'air très bien.

Glen dut l'entendre, car le convoi prit de la vitesse. Il devenait difficile de résister au vent. Jesse s'agrippa et observa le ciel.

Le soleil se levait.

25

Les premières lueurs du jour illuminaient la marina de Dawson. Une fine brume luisait sur la jetée et les brise-lames. Le ressac ballottait doucement les petits bateaux de toutes formes qui mouillaient dans le port.

A cette heure matinale, l'accès au port était barré par des grilles électrifiées. Debout devant la clôture, Dial regardait l'horizon. Wade se tenait derrière lui. Ils étaient accompagnés de toute une bande d'hommes de main aux mines patibulaires, qu'ils avaient enrôlés pour reprendre possession de Willy.

Tous attendaient.

Soudain, un bruit de moteur vint rompre le silence. Dial s'arracha à sa contemplation de l'horizon pour se tourner vers les routes sinueuses qui menaient à la marina. Un léger sourire ourla ses lèvres. Il avait eu raison. C'était bien ici que Willy devait être remis à la mer. Une fois de plus, il avait devancé ses adversaires.

L'heure du règlement de comptes avait sonné.

Il fit un signe à Wade, qui ordonna à ses sbires de se tenir prêts. Et, comme à la parade, nos « durs à cuire » s'attroupèrent pour former un véritable mur humain devant l'entrée du port.

Dans la dépanneuse, Glen, Randolph et Rae découvrirent avec effroi le comité d'accueil qui les attendait. Glen fut obligé de ralentir.

Jesse aperçut également Dial de son poste d'observation sur la remorque. Mais il continua à caresser Willy, qui s'affaiblissait de minute en minute.

– Vite, Glen ! cria-t-il. Dépêchez-vous ! Vite, vite !

Tout à coup, il sentit que la dépanneuse changeait de vitesse. Il y eut un brusque cahot, qui faillit le faire tomber à terre. Le convoi accéléra. Le moteur rugissait.

Glen fonçait droit sur le mur humain de la bande de Dial !

Ce fut la débandade. Les hommes décampèrent en catastrophe pour éviter la masse de métal pétaradant qui fondait sur eux. Jesse ne perdit pas une minute du spectacle. Mais, ensuite, il vit avec horreur la clôture grillagée du port se rapprocher inexorablement...

Il y eut un grand choc. La dépanneuse venait de défoncer la grille. Jesse baissa la tête et se blottit contre Willy. Il entendit un raclement de métal. Les piliers furent arrachés du sol.

Il regarda autour de lui. Ils avaient réussi à franchir l'obstacle mais, maintenant, Dial et les autres couraient derrière eux. Glen fit une manœuvre et se dirigea en marche arrière vers une rampe d'embarquement.

Soudain, il freina en catastrophe. Les pneus crissèrent. Jesse s'accrocha à Willy. La dépanneuse tressauta sur la rampe, dérapa et termina sa course dans l'eau.

Jesse, tout tremblant, s'accrochait toujours à Willy. Il savait que le moment était venu de le libérer et qu'il ne pourrait probablement plus jamais toucher son ami l'orque.

Rae et Randolph se jetèrent à l'eau. Randolph commença à dénouer le harnais de Willy et Rae administra une dernière injection de vitamines.

Jesse sauta de la remorque et aida Randolph.

Il regarda en direction de la grille défoncée.

Dial se rapprochait.

Quand ils eurent fini de détacher le harnais, ils s'écartèrent pour permettre à l'orque de glisser dans l'eau.

Mais celui-ci ne bougea pas.

Et Dial se rapprochait de plus en plus.

Randolph interrogea Rae du regard. Elle haussa les épaules : elle ne comprenait pas pourquoi Willy restait sur la civière.

Jesse vint caresser l'énorme tête de l'animal.

– Allons, Willy, allons ! dit-il. On t'a amené jusqu'à la mer. Maintenant, c'est à toi d'agir.

Willy plissa les yeux. Il refusait de bouger.

Randolph se mit à l'asperger pour l'inciter à plonger.

Jesse se retourna. Dial et ses hommes n'étaient plus loin.

Pourquoi Willy restait-il immobile ? Alors, en regardant la gigantesque créature dans les yeux, Jesse comprit que Willy ne voulait pas le quitter. Mais il était trop tard, maintenant. Le fait de demeurer sur la civière ne les avancerait à rien. Ils ne pourraient plus se voir, de toute manière. C'était fini.

Il entendit les pas de Dial.

– Sauve-toi ! cria-t-il à l'orque. On a réussi. Il faut que tu te bouges ! Tu as une famille qui t'attend !

Alors, Jesse sentit que quelqu'un le ceinturait par-derrière et l'entraînait violemment à l'écart. C'était Wade, le visage distordu par la haine et par l'effort, qui essayait de l'éloigner de Willy.

– Va-t'en, Willy ! cria Jesse. Sauve-toi !

Willy poussa un gémissement de colère, si rauque, si soudain, que Wade prit peur et relâcha un instant son étreinte.

– Eh là ! dit une voix derrière lui.

Quelqu'un lui tordit le bras. C'était Glen :

– Lâche mon garçon !

Le poing de Glen s'abattit sur la mâchoire grassouillette de Wade, qui s'effondra dans l'eau peu profonde.

Jesse voulut remercier Glen, mais il sentit que les mots étaient inutiles. Le temps pressait. Ils reportèrent tous deux leur attention sur Willy.

Le grand cétacé se contorsionnait péniblement pour essayer de se dégager du harnais. Il levait la tête et la queue alternativement, avec des mouvements spasmodiques, pour se donner de l'élan. Finalement, il glissa vers l'eau.

Jesse passa un bras autour de l'énorme tête du cétacé et murmura :

– Vas-y.

Il y eut un moment d'hésitation. Mais bientôt Jesse sentit la peau de Willy lui glisser entre les doigts. Et l'orque disparut sous l'eau.

Jesse soupira de soulagement. Willy était libre.

L'était-il vraiment ? Jesse entendit soudain des bruits de moteurs et de cloches. Deux bateaux de pêche se dirigeaient à toute allure vers la marina.

Ils avançaient parallèlement et à la même vitesse. Un immense filet était tendu entre eux. Leur tactique était simple : ils avaient l'intention d'encercler Willy et de le prendre dans leurs mailles.

Rae rejoignit Jesse et lui toucha les épaules. Jesse l'interrogea du regard. Que faire ? Elle n'en savait rien et observait, impuissante, les évolutions de Willy qui décrivait des cercles dans l'eau. Il n'avait pas l'ombre d'une chance. Il ne pourrait pas échapper aux bateaux qui le traquaient.

Jesse jeta un coup d'œil vers les docks. Dial parlait dans un talkie-walkie, sans doute pour transmettre ses instructions aux hommes d'équipage. Wade se tenait à côté de son patron, avec un sourire sournois.

Jesse avança vers la jetée, à grands pas pesants dans les flots qui lui arrivaient à la taille. En le voyant, deux hommes de Dial sautèrent dans l'eau pour essayer de lui barrer la voie. Mais il parvint à se faufiler entre eux comme un poisson et leur échappa.

– Willy ! cria-t-il en grimpant sur les rochers de la jetée. Allez ! Fais quelque chose ! Vite !

Au son de sa voix, Willy cessa de tourner en rond et nagea vers les rochers, que Jesse était en train d'escalader. Puis, il s'arrêta et attendit.

Derrière lui, les deux bateaux de pêche se rapprochaient.

Pourtant, il attendait, les yeux fixés sur le garçon.

Alors, Jesse comprit que Willy guettait son

signal – le signal qui allait lui rendre la liberté. Cette fois, c'étaient vraiment leurs adieux. Dans un instant, Willy serait parti pour toujours.

Jesse regarda vers le large. Les bateaux étaient trop proches, maintenant. Il n'y avait plus une minute à perdre, il était urgent d'écourter les adieux.

Il tendit le bras et serra le poing. Puis, il déplia lentement les doigts et ordonna à Willy de sauter.

– Je t'aime, Willy, dit-il d'une voix calme, et trop basse sans doute pour que l'orque puisse l'entendre.

Willy émit une série de petits cris. Etait-ce une réponse aux paroles tendres de Jesse ou simplement une manière d'exprimer qu'il avait compris le signal ? Jesse ne le sut jamais.

Il savait seulement qu'il aimait sincèrement l'orque et espérait que celui-ci l'aimait pareillement.

Mais il fallait faire vite. Les bateaux arrivaient. Le temps pressait. Dans quelques secondes, Willy serait cerné.

– Vas-y, Willy ! ordonna Jesse. Maintenant !

Willy regarda une dernière fois son ami et plongea. Sa grande nageoire caudale s'éleva au-dessus de la surface et disparut dans les flots.

De son poste d'observation sur les docks, Dial suivait la scène avec inquiétude. Lui qui, tout à l'heure encore, était si sûr d'avoir gagné la partie, il commençait maintenant à avoir des doutes.

Rae et Randolph, qui se tenaient à quelque distance de lui sur le même dock, observaient les événements avec attention. Rae savait ce qui se préparait. Il fallait que ça réussisse. Willy s'apprêtait à sauter par-dessus la jetée. C'était sa seule chance d'échapper à ses assaillants. Mais était-ce possible ?

– Tu as déjà vu Willy sauter aussi haut ? demanda-t-elle à Randolph.

Il secoua la tête.

Puis, avec un sourire :

– Tout peut arriver, fit-il, songeur.

Il ferma les yeux et orienta son visage vers le soleil en disant :

– *Salanaa Eiyung Ayesis.*

C'était une incantation d'une autre époque. Une prière.

Jesse courut au long de la jetée en cherchant Willy des yeux et finit par apercevoir son ombre sous l'eau. Il filait comme une flèche, de plus en plus vite.

– Vas-y ! vas-y ! criait Jesse pour l'encourager, tout en sachant que l'orque ne pouvait pas l'entendre. C'est le saut de ta vie ! C'est maintenant ou jamais.

A présent, l'aileron de Willy affleurait à la surface. Il fendait les flots à la vitesse d'une torpille.

Jesse s'arrêta, se campa sur la jetée, tendit le bras et serra le poing.

Les mots lui vinrent tout naturellement, comme si le vent les chuchotait à son oreille :

– *Salanaa Eiyung Ayesis*, déclama-t-il.

Les images du livre de Randolph défilèrent dans son esprit. Les vieilles pages jaunies, le nom de Natsalane, les paroles de l'incantation.

– *Salanaa Eiyung Ayesis*, répéta-t-il.

Il ouvrit lentement le poing et tendit le bras le plus loin possible.

Le temps sembla s'arrêter. L'espace d'une seconde, un étrange silence flotta sur la marina. Tout le monde avait les yeux rivés sur la baie, attendant l'apparition du béhémoth qui allait surgir des flots.

Et, tout à coup, dans un grand fracas, la forme oblongue de Willy déchira la surface de l'eau comme une fusée. De hautes vagues jaillirent, projetant des embruns jusque sur le dock où Dial s'était posté.

Willy s'éleva dans les airs, comme Icare s'envolant vers le soleil. Pendant un temps, il sembla figé dans le ciel. Puis, sa silhouette luisante se courba et survola lentement les rochers, à l'horizontale, le museau pointé vers l'immense océan qui s'étendait au-delà. Alors, tel un champion olympique qui s'entraîne toute sa vie pour réaliser un seul grand plongeon au jour J, il piqua vers les flots.

Jesse put sentir la peau glissante de Willy effleurer ses doigts tendus au passage. Il savait que c'était la dernière fois qu'il le touchait. Car le grand animal avait maintenant plongé dans les tranquilles eaux vert et bleu de l'océan, soulevant une gerbe d'écume qui éclaboussa Jesse.

A travers ses paupières mouillées, le garçon put voir une dernière fois le corps massif de Willy, qui se dressa à la verticale, comme dans leur spectacle, pour le saluer.

C'était son adieu.

Jesse s'essuya le visage, mais il avait beau frotter, ses yeux restaient humides. Cette eau salée ne venait pas de l'océan, c'était l'eau de ses larmes.

Il les frotta encore et, quand il les rouvrit, Willy avait disparu. La mer l'avait repris.

26

– Fantastique ! s'exclama Rae en tapant dans la paume de Randolph.

Ils étaient tous deux enthousiasmés par le prodigieux vol plané de Willy.

Dial n'était qu'à quelques mètres d'eux sur le dock. Son visage avait une expression haineuse. Comment avait-il pu se faire rouler par un gamin ? Sa tactique avait échoué ! Wade, encore trempé après le bain forcé que lui avait infligé Glen, se porta à ses côtés.

– Je hais cet orque, grogna Dial.

Rae n'avait jamais vu Dial aussi furieux depuis qu'elle travaillait pour lui.

Pendant ce temps, Glen et Annie se frayaient un passage entre les rochers pour rejoindre Jesse qui, debout sur la jetée, contemplait l'océan. Aucun signe de Willy.

Jesse essayait d'imaginer ce que ressentait son ami au grand large, sans parois autour de lui pour gêner ses déplacements, libre enfin de nager aussi loin qu'il le voulait. Fini le numéro de clown dans l'amphithéâtre, finie la publicité grandiloquente qui le présentait comme un dangereux orque tueur !

A présent, il était libre ! Libre d'être lui-même.

– Adieu, l'ami, murmura Jesse. On se reverra peut-être un jour, qui sait ? Prends bien soin de toi.

Il sentit la présence de Glen et d'Annie derrière lui. Il se retourna. Annie lui tendait les bras.

– Oh, Jesse, dit-elle en pleurant.

Il repensa à Willy. Au cours des dernières semaines, il avait bien souvent pensé à Willy quand il était avec Glen et Annie. Il était un peu pour les Greenwood ce que Willy était pour lui. Un ami. Pourquoi ne l'avait-il pas compris plus tôt ? Comment avait-il pu être aussi borné ? Les Greenwood ne demandaient qu'à l'aider, comme lui-même avait aidé Willy. C'était la même chose. Exactement la même chose.

Il fit un pas vers eux en disant :

– Merci, vous deux. Merci.

Glen sourit :

– Je savais que tu étais capable de faire sauter cet orque, mon petit.

Jesse lui serra la main.

– Rentrons, dit Annie en le prenant dans ses bras.

Alors, Jesse songea à la carte postale que lui avait donnée Perry et qui était toujours dans sa poche. La plage. Les jolies filles. Le surf.

Ce n'était qu'une photo, se dit-il. Ce n'était pas réel. C'était du toc.

Mais la poignée de main de Glen, ça, c'était réel !

Il faudrait qu'il pense à jeter cette photo plus tard.

Quand il serait à la maison.

Castor Poche

Des livres pour toutes les envies de lire,
envie de rire, de frissonner, envie
de partir loin ou de se pelotonner dans un coin.

Des livres pour ceux qui dévorent.
Des livres pour ceux qui grignotent.
Des livres pour ceux qui croient ne pas aimer lire.
Des livres pour ouvrir l'appétit de lire et de grandir.

Castor Poche rassemble des textes du monde entier ; des récits qui parlent de vous mais aussi d'ailleurs, de pays lointains ou plus proches, de cultures différentes ; des romans, des récits, des témoignages, des documents écrits avec passion par des auteurs qui aiment la vie, qui défendent et respectent les différences. Des livres qui abordent les questions que vous vous posez.

Les auteurs, les illustrateurs, les traducteurs vous invitent à communiquer, à correspondre avec eux.

Castor Poche
Atelier du Père Castor
4, rue Casimir-Delavigne
75006 **PARIS**

Castor Poche

A chacun ses intérêts, à chacun ses lectures.

9 séries à découvrir :
Aventures
Contes et Fables
Connaissances
Fantastique et Science-fiction
Histoires d'Animaux
Humour
Le monde d'Autrefois
Mystère et Policier
Vivre Aujourd'hui

Castor Poche
Une collection qui s'adresse à tous les enfants
Benjamin : dès 3/4 ans
Cadet : dès 5/6 ans
Junior : dès 7/8 ans
Senior : dès 11/12 ans

Castor Poche, des livres pour toutes les envies de lire pour ceux qui aiment les animaux passionnément, voici une sélection de titres dont les héros sont des animaux.

6 **Une jument extraordinaire**   Junior
par Joyce Rockwood

Vers 1750, près des monts Appalaches, Écureuil, un garçon indien Cherokee est seul à croire que sa jument est extraordinaire. Il n'a pas douze ans. Pourtant Écureuil partira seul et en cachette pour aller récupérer sa jument volée chez les Indiens Creeks. Tiendra-t-il bon face à la faim, à la peur, face aux embûches qui le guettent ?

18 **Le chant triste du coyote**   Junior
par Mel Ellis

Dans la forêt nord-américaine, Mark, quinze ans, traque les coyotes. Les primes qu'il reçoit lui permettent de rassembler la somme nécessaire à son entrée au collège. Un jour, un de ses pièges disparaît. La bête qui s'est fait prendre l'a traîné pour rejoindre ses petits. Son courage modifie le comportement de Mark vis-à-vis des animaux. Arrivent-il à faire partager sa vision à son entourage ?

25 **Rroû**   Senior
par Maurice Genevoix

Rroû, un chaton curieux, intrépide et fier, pousse chaque jour ses découvertes un peu plus loin : l'entrepôt où il est né, la cour, la rue, la maison d'en face, Clémence la voisine. Mais un matin, il rompt toutes les attaches et se sauve seul et libre, au seuil de l'hiver...

31 **Mon bonheur s'appelle Jonas**   Junior
par Eliska Horelova

Dans une classe de 6e, près de Prague, un psychologue demande aux enfants une rédaction sur le bonheur. Radka, onze ans, avoue que son bonheur serait complet si elle pouvait avoir cinq chiens et dix chats... Bonheur sans avenir, car ses parents ne le partagent pas du tout. Comment Radka arrivera-t-elle à les faire changer d'avis ?

Histoires d'animaux

294 **Le libre galop des pottoks**   Junior
par Résie Pouyanne

Pampili rêve de voir les pottoks, ces mystérieux chevaux sauvages qu'il entend galoper dans la nuit. Un jour, avec son copain Manech, Pampili sauvera une jeune pouliche tombée dans une ravine. Et c'est le début d'une grande amitié entre le garçon et l'animal.

306 **Un cheval de prix**   Junior
par Mireille Mirej

Nathalie, onze ans, est passionnée de chevaux. Pourtant, elle n'a jamais eu l'occasion de monter à cheval. Un télégramme fait basculer son univers : on lui offre un cheval. Comment héberger un tel animal quand on habite une cité de la banlieue parisienne ? La partie n'est pas facile...

308 **Julie, mon amie gorille**   Junior
par Francine Gillet-Edom

Hier, encore, Aubrée était à Bruxelles et la voilà pour un mois au Zaïre. Lors d'une promenade à cheval avec son cousin, elle découvre un bébé gorille blotti auprès de sa mère morte. Mais Julie, comme l'a prénommée Aubrée, suscite la convoitise des trafiquants. Pourra-t-on la ramener dans le sanctuaire des derniers gorilles des montagnes ?

319 **Blaireaux, grives et Cie**   Junior
par Molly Burkett

Chez la famille Burkett, les animaux ne font que passer, le temps de se refaire une santé avant de retrouver la liberté. Mais que le séjour soit bref ou long, de la couleuvre au hérisson, chacun fait preuve d'imagination !

Castor Poche Connaissances

Une nouvelle série
à partir de 8/9 ans.

Castor Poche Connaissances
Des petits « poches » à lire d'un trait
ou à prendre et à reprendre.
Des textes pour stimuler la curiosité,
pour susciter l'envie d'en savoir plus.

Castor Poche Connaissances
En termes simples et précis,
des réponses à vos curiosités, à vos interrogations.
Des textes de sensibilisation
sur des notions essentielles.
Les premières clés d'un savoir.
Des sujets variés.
Le sérieux de l'information
allié à la légèreté de l'humour.
Un ton alerte et vivant.

Dans chaque ouvrage,
un sommaire et un index détaillés permettent
de se référer rapidement à un point précis.

C1 Bon pied, bon œil ! (Junior)
Notre santé
par Lesley Newson

Quels sont les moyens de défense et de reconstruction de notre organisme ? Que se passe-t-il à l'intérieur de notre corps lorsque nous avons la varicelle ? Ce guide concis et vivant nous permet d'en savoir plus sur les microbes, les virus, les bactéries et... sur nous-mêmes.

C2 Comme un sou neuf ! (Junior)
La bataille contre la saleté
par Lesley Newson

Qu'est-ce que la saleté ? Comment agissent le savon, les détergents ? Une approche, à la fois scientifique et vivante des questions d'hygiène, qui nous informe avec précision et humour, et nous aide à combattre la saleté sur notre corps, sur nos vêtements, dans nos maisons et dans nos villes.

C3 La marche des millénaires (Senior)
A l'écoute de l'Histoire
par Isaac Asimov & Frank White

Parce qu'il traîte autant des modes de vie et de l'évolution des techniques que des faits dits historiques, ce livre transforme le domaine parfois rebutant de l'Histoire en une matière vivante et attrayante. Les connaissances historiques sont mises en relation avec les grandes préoccupations d'aujourd'hui, et deviennent du coup captivantes.

C4 Sale temps pour un dinosaure ! (Junior)
Les caprices de la météo
par Barbara Seuling

Comment se forme un grêlon ? En quoi une tornade diffère d'un cyclone ? Quelle est la température la plus chaude jamais enregistrée sur terre ? Qu'est-ce que la foudre ? Mille informations sur le temps et la météorologie sont regroupées dans ce petit livre, qui dissipent les interrogations et ... éclaircissent notre ciel !

Cet
ouvrage,
le quatre cent
quarante-sixième
de la collection
CASTOR POCHE,
a été achevé d'imprimer
sur les presses de l'imprimerie
G. Canale & C. S.p.A.
Borgaro T.se - Turin
en février
1996

Dépôt légal : janvier 1994.
N° d'Édition : 4050. Imprimé en Italie.
ISBN : 2-08-164050-3
ISSN : 1147-3533
Loi n° 49-956 du 16 juillet 1949
sur les publications destinées à la jeunesse